복수초 인연

## 복수초 인연

초판 1쇄 발행일  2025년  7월  31일

지은이    | 김둘
펴낸이    | 한향희
펴낸곳    | 도서출판 빨강머리 앤
디자인    | 한향희
출판등록  | 제25100-2005-28호
주소      | 대구광역시 달서구 문화회관길 165, 대구출판산업지원센터 411호
전화      | (053) 257-6754
팩스      | (053) 257-6754
이메일    | sjsj6754@naver.com

ISBN     | 979-11-93743-98-0 (03810)

ⓒ 김둘, 2025

＊이 책은 저작권법에 따라 보호받는 저작물이므로 무단복제를 금합니다.
＊이 책 내용의 전부 또는 일부를 이용하려면 반드시 저작권자와 빨강머리 앤의
  서면 동의를 받아야 합니다.

# 복수초 인연

김둘 시조집

**시인의 말**

# 오래된 꿈의 마법 앞에서

　초등학교 시절, 어깨너머로 시조를 배웠습니다. 아니, 배웠다기보다는 억지로 글자 수를 맞추며 시조를 쓰고 있노라며 억지를 부렸다고 표현하는 것이 옳을 것입니다. 혼자 쓰기 시작한 시조가 그렇게 재미있었던 것은 정해진 그릇 속에 여러 가지 생각을 자유자재로 담아내는 즐거움 때문이었습니다. 학창 시절에는 줄곧 혼자서 습작했지만, 그렇게 40여 년 흘려보내고 우연한 기회에 그야말로 운명처럼 다시 시조를 만났습니다. 제 가슴은 열 살 소녀적 그때처럼 뛰었습니다. 이 달콤한 시조와의 동행이 한없이 행복하기에 이제 다시는 헤어지지 말자고 스스로 다짐했습니다. 시조 시인이라는 이름은 사실 제게 너무 낯설기도 하지만 이름이 무어 그리 중요하겠습니까. 제가 시조를 쓸 수 있고 쓰고 싶고 지금도 쓰고 있다는 사실 그 자체가 행복한데 말입니다.

　이번 시조집에 소개된 작품은 제 문인의 길을 안내해 준

미야자와 겐지 선생을 따라 떠난 여행길에서 쓴 글입니다. 아동문학가로 널리 알려진 미야지와 겐지 선생은 실제로 자유시, 단가를 쓰기도 했고 동화는 물론 여러 장르의 글을 함께 집필했던 전방위 작가입니다. 그분의 발자취를 따라가는 길은 이제 제게 일상이 되어버렸고 그런 여행이 제 작가로서의 삶에 더 큰 힘이 되어주고 있습니다.

2019년 8월, 처음으로 떠났던 하나마키 여행이 올해로 7년째입니다. 이 세상 모든 사람이 행복하기를 바랐던 미야지와 겐지 선생의 발걸음이 그의 고향에 너무나 넓게 펼쳐져 있었습니다. 그리고 저는 그분이 그랬던 것처럼 이 세상 누구라도 행복할 수 있다면 제가 할 수 있는 일을 하리라는 생각으로 그의 모든 발자취를 따라가 보기로 했습니다. 이 책에서 소개하는 시조는 2025년 2월에 떠났던 이와테 하나마키 여행 현장에서 쓴 작품입니다. 길 위에서 걸어 다니면서 썼다고 해도 과언이 아닐 정도입니다. 그랬기에 글의 농도가 조금 헐빈할지도 모르겠습니다. 하지만 마음이 울릴 때 길 위에서 시를 쓰는 일이야말로 가장 아름다운 일이 아닐까 싶습니다. 그 감격을 놓치지 않기 위해 서둘러 시조집을 내놓는 일이 어쩌면 경솔한 일일지도 모르겠지만 그렇다 하더라도 제 마음의 진실을 따르는 것이 중요하다고 생각합니다.

2024년 하나마키 여행 후 민조시집 『플랫폼에 이는 바람』을 출간했고, 2025년에 다시 하나마키 여행 후 시조집

『복수초 인연』을 출간하게 되었습니다. 그날 복수초는 미야자와 겐지 선생이 잠들어 있는 묘소 입구 언덕배기에 한가득 피어 있었습니다. 한 번도 직접 만난 적 없는, 꼭 한 번 만나보고 싶었던 샛노란 복수초를 스승의 묘지 앞에서 만난 그 감동의 순간이 지금도 잊히지 않습니다. 복수초를 잘 아는 하나마키 사람들을 만나고, 겐지 선생과 복수초를 사랑하는 또 다른 하나마키 사람들을 만나며 내내 행복했던 지난겨울 여행의 감동을 전하기 위해 '복수초 인연'을 책 제목으로 삼았습니다.

문학은 우리 모두 행복해질 수 있는 길을 안내하는 존재입니다. 그렇기 때문에 문학은 어떤 누구에게나 가서 자유와 행복을 선사할 수 있다고 생각합니다. 이 시조집이 특별한 점은 시조와 더불어 책의 뒤편에 이어져 있는 여행기의 존재입니다. 어떤 분들은 이 책이 여행집이 아니냐고 반문하실지 모르겠습니다만, 이 여행기는 시조를 더욱 깊이 있게 음미할 수 있는 보조적인 글입니다. 시조의 행간에서 읽을 수 없는 섬세한 감정들은 이 여행기에서 만날 수 있을 것입니다. 시조와 여행기를 함께 읽는 재미가 독자들에게 특별한 맛으로 다가가기를 바랍니다.

오래전부터 그토록 사랑했던 시조와 존경하는 스승의 정신이 만난 감동적인 시간을 이렇게 세상에 전할 수 있게 된 것이 꿈만 같습니다. 오래된 꿈이 서서히 현실이 되어 가는 마법 같은 일이 펼쳐지고 있는 이 문학 위의 걸음에 감사드립니다. 이 모험적인, 낯선 방식의 도서 출간 의지에 박수를 보내 주며 아름다운 책을 만들어 주신 빨강머리앤 대표님께 감사드립니다. 무엇보다도, 어린 시절부터 미루나무숲을 홀로 걸으며 언제까지나 언제까지나 우리 모두의 행복을 위해 살아가리라 결심하고 자신과의 약속을 지켜가는 저 자신에게 존경과 사랑을 보냅니다.

2025년 7월
미루나무숲에서 지정당芝庭堂에서
혜문慧文 김둘

## 차례

시인의 말

## 제1부

014　구름
015　여행길
016　계란 먹기
017　신하나마키 역에서
018　한밤중 식당
019　눈밭에서
020　함께하기
021　약속하기
022　약도
023　달력
024　바람의 숲
025　평화기념의 상
026　돌의 소망
027　겐지 & 다쿠보쿠 청춘관으로
028　사람들
029　음식

| | |
|---|---|
| 030 | 누군가 |
| 031 | 이와테산 앞에서 |
| 032 | 성벽 앞에서 |
| 033 | 다쿠보쿠 신혼집 |
| 034 | 기다림 |
| 035 | 시인의 실의 |
| 036 | 묘지의 만남 |
| 037 | 여름 해변 회상 |

## 제2부

| | |
|---|---|
| 040 | 슬픈 시 |
| 041 | 길에서 만나 |
| 042 | 광원사 옛 자리 |
| 043 | 겨울 찻집에서 |
| 044 | 차 마시는 사랑 |
| 045 | 고향 산 |
| 046 | 토마토 |
| 047 | 아침 산 |
| 048 | 아침 새 |
| 049 | 한국인 |
| 050 | 백조들 |
| 051 | 가는 길 |
| 052 | 복수초 인연 |
| 053 | 벚나무 |

054 사슴
055 콩 샐러드
056 삶은 콩 요리
057 요거트
058 비 오는 아침
059 눈의 들판
060 눈 쌓인 나무
061 눈보라
062 겨울 계곡물
063 망각

## 제3부

066 이별 뒤
067 업장
068 시골 기차역
069 먼 길
070 백조역 가는 길
071 백 년
072 하치노헤 역에서
073 강풍
074 모른다
075 바람 센 날
076 '비에도 지지 않고' 시비에서
077 시인의 밭

078 문학가
079 시인의 기도
080 그의 밭
081 한마음
082 간절함
083 바람의 정령
084 순례자들
085 안내인
086 마지막 날
087 엽서를 보내고
088 고향
089 문학의 위대함

하마나키 여행기_순수의 길 위에서 | **김돌**

제1부

# 구름

폭신한 이불 같은
조그만 조각구름

어제는 어떤 몸에
어디를 다녔을까

어느새 나를 따라와
꼬리치는 강아지

# 여행길

어디를 가더라도
사람이 넘쳐나지

목소리 억양까지
제각각 특이한데

어떻게 우리가 만나
이 자리에 서 있나

## 계란 먹기


주먹밥 하나 먹고
먼 길을 걸어왔네

허기져 살펴보니
가방 속 삶은 계란,

구원병 나타났으니
남은 시간 든든해

## 신하나마키 역에서

네 시간 달려와서
도착한 간이역에

미리와 기다려준
반가운 친구 보니

그 웃음 변함없어라
우리 만남 고맙다

## 한밤중 식당


눈 쌓인 하나마키
따뜻한 국숫집에

세 명이 둘러앉아
나누는 이야기는

한겨울 훈훈한 우정
그 누구도 못 막지

## 눈밭에서

백설이 내려앉은
식당 뒤 작은 뜰에

손으로 눈을 뭉쳐
한 방에 날려 보네

어린 날 돌아온 듯해
함박웃음 짓는다

## 함께하기


저녁을 먹으면서
한바탕 몸짓 발짓

하루쯤 시간 내어
안내를 해 준다니

버스로 가기 힘든 곳
함께여서 좋구나

## 약속하기

오전엔 따로 하고
점심때 만날까요

은사시 공원 앞에
열두 시 어떠세요

점심은 각자 먹고서
그 시간에 뵈어요

## 약도

몇 번째 지나다닌
이 고장 골목길이

이제는 익숙해져
낯익은 풍경 됐네

현지인 그려준 약도
딱 알겠네 한눈에

# 달력

보내준 달력들은
마음에 들던가요

꼼꼼히 포장해서
보내준 고마운 이

이렇게 다시 만나서
인사하니 좋네요

# 바람의 숲

그 옛날 만들어서
부르던 희망 노래

바람의 소리들을
그려본 내 마음이

이렇게 하나마키에
우뚝하게 서 있다

## 평화기념의 상


태평양 전쟁 직전
폭격탄 맞았던 곳

무고한 시민들이
말없이 죽어간 곳

그들을 위로하려네
전쟁만은 안 되네

## 돌의 소망

광석을 사랑했던
그분의 발자취들

조그만 온천탕에
새겨둔 소중한 맘

누구나 사랑하자는
이하토브 이상향

## 겐지 & 다쿠보쿠 청춘관으로

육 년 전 다녀갔던
청춘관 가려 하네

한여름 갑작스레
택시로 갔던 데를

한겨울 빵모자 쓰고
여유 있게 가는 중

## 사람들

어디를 가더라도
특이한 사람 많아

무례한 사람 하나
친절한 사람은 셋

무엇을 바랄 순 없지
개성이라 하겠지

# 음식

역사를 말하는 건
그 당시 음식문화

무엇을 먹는가에
예술도 달라지지

작가의 작품 속에서
시대정신 전하지

## 누군가

신념에 한 의인을
지켜야 하는 시간

그의 길 쉽지 않은
굴곡의 삶이라네

세상은 그의 헌신에
감사해야 한다네

## 이와테산 앞에서

벚꽃이 피어있는
이와테 들판 뒤로

겐지의 이상국이
펼쳐진 이와테산

팔 벌려 외쳐보려네
아름다운 이 세상!

## 성벽 앞에서

그 옛날 머물렀던
성벽 문 건너오니

만났던 옛사람들
어렴풋 떠오르네

흘러간 세상의 것들
지난 것은 그리움

## 다쿠보쿠 신혼집


새신부 결혼하네
새신랑 어디 갔나

결혼식 오지 않는
신랑을 기다렸네

그 옛날 이야기 속의
천재 시인 신혼집

## 기다림

눈 온 날 찬 기운에
외로이 우뚝 서서

시인의 청춘 속에
다져진 사랑의 힘

백 년도 넘은 현재를
기다려온 낡은 날

## 시인의 실의

한여름 가보았던
그리운 하코다테

시인의 꿈과 희망
가득 찬 도시였네

하지만 불탄 집 보며
망연자실 하였네

## 묘지의 만남

언덕길 올라갈 때
묘지에 올라섰네

그에게 부탁했지
시의 길 열어달라

내 손을 잡아준 영혼
가슴 벅차 올랐네

## 여름 해변 회상

수평선 저 너머로
소박한 꿈 꾸었지

해변을 거닐면서
행복에 겨워졌네

나 또한 그 해변에서
신세계를 만났네

제2부

## 슬픈 시

그의 시 곳곳에서
절망 속 실의들이

어찌해 생겨났나
크나큰 슬픔들아

현실이 이상 속에서
속절없이 깨졌네

## 길에서 만나

길거리 벤치 위에
자리한 그의 흉상

그 옆에 앉아보니
옆모습 가까워져

부끄런 모양인가 봐
비스듬히 보는 눈

## 광원사 옛 자리

고드름 처마 밑에
시인의 친필글씨

세상에 보이고픈
자신의 크나큰 꿈

어떻게 하여서라도
출간했던 책 한 권

## 겨울 찻집에서

눈길을 손 부비며
멀리서 찾아오니

찬바람 고드름 속
적막이 맞이하네

차 한잔 마시며 보는
겐지선생 기념비

## 차 마시는 사랑

무슨 말 하고 싶어
찻집에 앉은 걸까

하얗고 조그마한
찻잔을 손에 쥐고

웃으며 드러나는 이
사랑이여 빛이여

## 고향 산

그리운 고향 산은
시인의 시가 되어

그토록 그리워한
연인을 기다리듯

오늘도 이와테산은
심장 뛰게 하누나

## 토마토

여름에 건네받은
토마토 맛있어서

판매를 많이 했나
궁금해 물어보니

지인과 나누어 먹는
마음나눔 이라네

# 아침 산

지붕에 눈이 쌓여
포근한 이불 같네

낮은 산 저 너머엔
백옥이 아스라해

한 폭의 산수화라도
이만치는 못하리

## 아침 새

새들이 줄을 지어
연이어 날아간다

지진이 잦은 나라
아무리 예민해도

그들도 고향이라면
떠날 수가 없다네

## 한국인


관광소 안내인이
반가이 맞이하네

한국인 드라마를
즐거이 본다 하네

어디든 환대해주는
한국인의 자긍심

## 백조들

하늘에 가득 차서
날개 편 무리들아

북상천 노닐었던
순백의 날개깃털

이제는 고향 가는 길
힘찬 울음 퍼지네

# 가는 길

버스를 타고 가자
약조한 그곳으로

그분이 누워계신
측백의 무덤으로

한적한 길을 걸으며
다시 만날 설레임

## 복수초 인연

이제야 만났구나
샛노랑 꿈결이여

어디를 떠다니다
이제야 내게 왔나

순결한 꽃잎들 모여
노랑나비 되었네

# 벚나무

긴 가지 늘어뜨린
벚나무 다정하다

여름에 너울대던
푸른 잎 품에 안고

다시 올 봄날의 영화
기다리며 꿈꾼다

# 사슴

어둠 속 멈춰버린
도로 위 사슴 하나

두려운 눈망울로
불빛 속 앉았어라

길 잃어 헤메이는 이
부디 살아 내기를

## 콩 샐러드

이 들판 어디에서
태어나 여기 왔네

까만 콩 연두빛 콩
보랏빛 알콩이들

소복이 모여앉아서
고소함을 풍기네

## 삶은 콩 요리

푹 쪄낸 콩알들이
어찌나 폭신한지

구름 위 걸어 다닌
기분이 들었다네

농부의 땀방울들이
보약보다 귀하네

## 요거트


우윳빛 물결 속에
걸쭉한 쫀득함이

아침에 잘 비워진
배 속을 채워주네

목구멍 넘어가면서
찰 기운을 내주네

## 비 오는 아침

비바람 부는 아침
해안가 향해가네

석조곡, 어제 만난
친구의 집 지나네

오늘은 우산을 들고
출근했을 것이네

## 눈의 들판

두 뼘을 넘게 쌓여
겨울을 말하노니

순결이 들판 위를
너울져 건너가네

은하의 정거장 속을
하염없이 달리네

## 눈 쌓인 나무

잔가지 덮고 있는
자비의 시간이여

영원을 달려가며
무엇을 꿈꾸는가

설원의 평지에 서서
세상 풍파 견디네

## 눈보라

지붕 위 휘두르고
돌아서 가신님아

다시는 오지 못할
순간의 시간 속에

눈 감고 기도하련다
북풍 속의 여행길

## 겨울 계곡물

살얼음 헤쳐가고
폭설을 견뎌낸다

계곡에 넘친 냉기
그 옛날 여름 폭포

변해야 살 수 있다는
대자연의 한마디

# 망각

큰 눈 속 갇혀버린
고장 난 자동차는

그 옛날 거친 길을
얼마나 달렸을까

이제는 지난 기억을
모두 잊어 버렸다

## 제3부

## 이별 뒤

떠났던 그 사람이
오기는 하는 걸까

겨울에 기차 타고
오리라 하였는데

때마침 기차역에서
기적소리 울리네

## 업장

끝없이 휘달리던
눈 업은 바람 속에

햇살이 드리워질
그날을 기다리네

녹는 건 업이라더라
불꽃 속의 하얀 눈

## 시골 기차역

들어온 사람들은
창밖에 마음 주고

나가는 사람들은
마음의 길을 간다

누구나 여행자의 삶
기차역의 나그네

# 먼 길


고향이 멀어져도
외롭지 않은 거다

삼촌이 기다리는
그곳이 나의 고장

시인은 사랑의 마음
굳게 간직 하였네

## 백조역 가는 길

강풍이 불어오니
강물도 춤을 춘다

눈바람 가운데서
백조가 노닐다가

유유히 사라져가는
은하 속의 백조역

# 백 년

백 년 전 다녀갔던
시인의 여행루트

백 년 뒤 따라가는
서투른 여행지도

백 년의 시간 흘러도
함께하는 발자국

## 하치노헤 역에서

새벽의 역대합실
그 어디 쉬었을까

동틀녘 다시 떠난
동쪽행 집필 기행

도중에 멈추어 버린
산리쿠의 기찻길

# 강풍

겨울비 내리더니
바람도 세어지고

우산을 쓴다 한들
온몸이 젖겠구나

강풍이 불어닥쳐서
멈춰버린 꿈의 길

## 모른다

기차가 멈춰버려
갈 길이 막혔네

언제쯤 다시 갈까
질문을 해봤지만

바람이 멎고 난 후쯤
그밖에는 모른대

## 바람 센 날

비에도 지지 않고
시비를 찾아가네

눈송이 찬바람에
회오리 치는 시각

삼나무 사이를 걸어
다시 만난 두 사람

## '비에도 지지 않고' 시비에서

둥그런 땅 위에는
따스한 기운 도네

팔십 년 살아있는
비석의 선물인가

사랑을 품고 있는 땅
밭 아래의 한사람

## 시인의 밭

북상천 건너에서
배 타고 오던 이는

시인의 밭 지나며
정담을 나누었네

꿈꾸는 혁명가인 줄
사람들은 몰랐네

# 문학가

백조가 그득한 강
건너편 나루터에

농산물 들고 와서
나룻배 건넜다네

이상과 꿈을 향하여
글을 쓰는 문학가

## 시인의 기도

모두의 행복 위해
언제나 기도했네

자연의 순리대로
살고자 애쓰면서

그분의 간절한 소망
후손들이 이뤘네

## 그의 밭

아래쪽 밭에 있는
메모를 남긴 것은

찾아온 손님들께
정성을 다한 마음

언제나 환영하는 이
밭 아래서 기다려

# 한마음

눈발은 휘날리고
콧등은 시려운데

삼나무 사이사이
안온한 기운 스며

행복을 바라는 우리
한마음이 되었네

## 간절함

손발이 얼어붙고
귓볼이 찢어질 듯

버스를 기다리며
따스한 마음 품네

누구나 아름답기를
꿈꾸어온 헌신자

## 바람의 정령


해 질 녘 되돌아온
역광장 바람의 숲

어린 날 들려오던
뒷산의 정령들이

이렇게 되돌아와서
가슴 깊이 머무네

## 순례자들

한사람 간절함이
온 누리 퍼져나가

고향은 풍요롭고
이웃은 행복하다

먼지와 같은 우리들
빛이 되는 순례길

## 안내인

한겨울 밭에 앉아
강 물결 바라보다

불현듯 눈에 비친
시비 앞 두 사람을

모른척 하지 않고서
달려왔던 농부여

## 마지막 날


짐 꾸려 떠날 준비
하려던 한밤중에

머물던 숙소 앞에
달려온 한 사람과

선생의 뜻을 새기며
감사하며 웃었네

## 엽서를 보내고

고향을 사랑했던
시인을 기리려네

단가를 지은 다음
엽서에 옮겨쓰고

우체통 넣어 보내니
감격스런 이 마음

## 고향

시인을 만나고파
시작한 여행길에

한두 명 아는 사람
생기기 시작하니

지금은 고향 땅에서
살고 있는 듯하네

## 문학의 위대함


작품 속 주인공을
산책길 만나보네

전하는 메시지를
글 속에 담아두고

사람들 매료시켰네
아름다운 이야기

| 하마나키 이와테현 미야자와 겐지 산리쿠 여행 루트 |

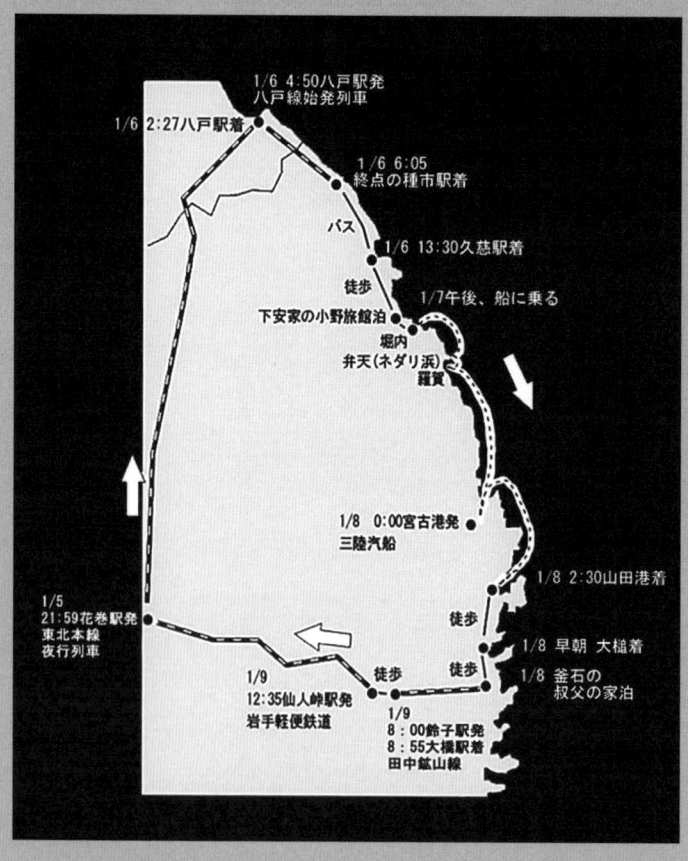

| 하마나키 여행기 |

# 순수의 길 위에서

김둘

# 花卷市地图

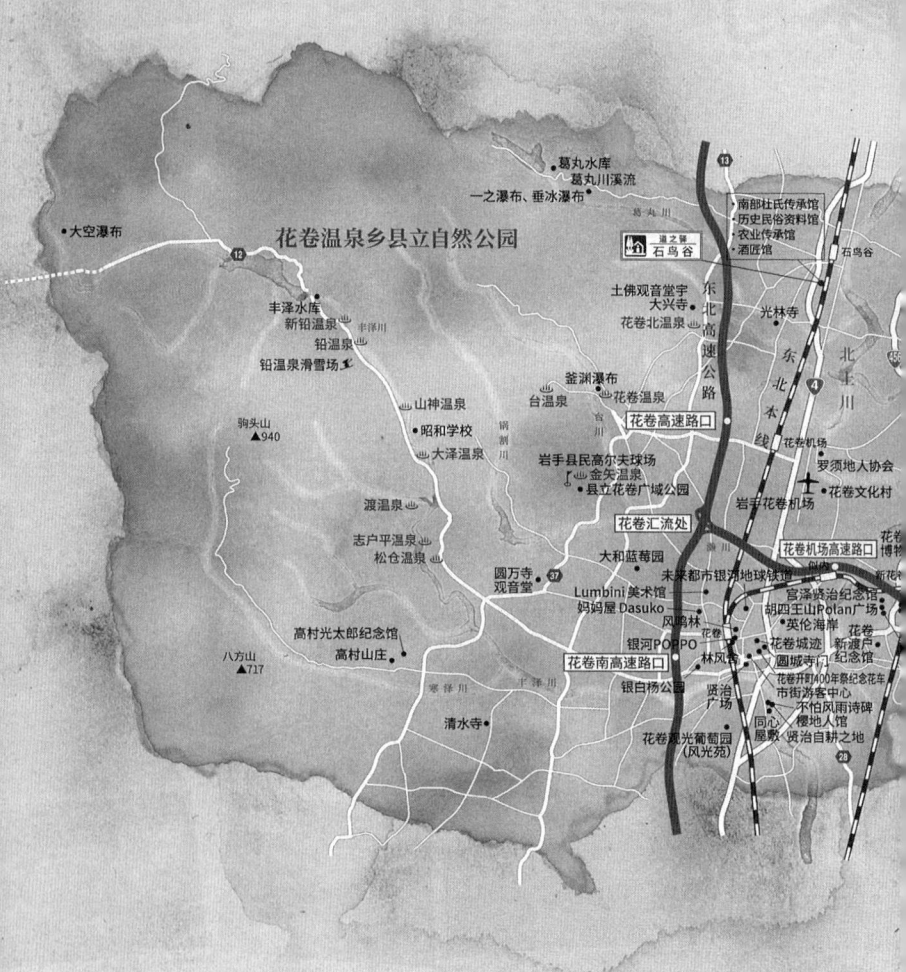

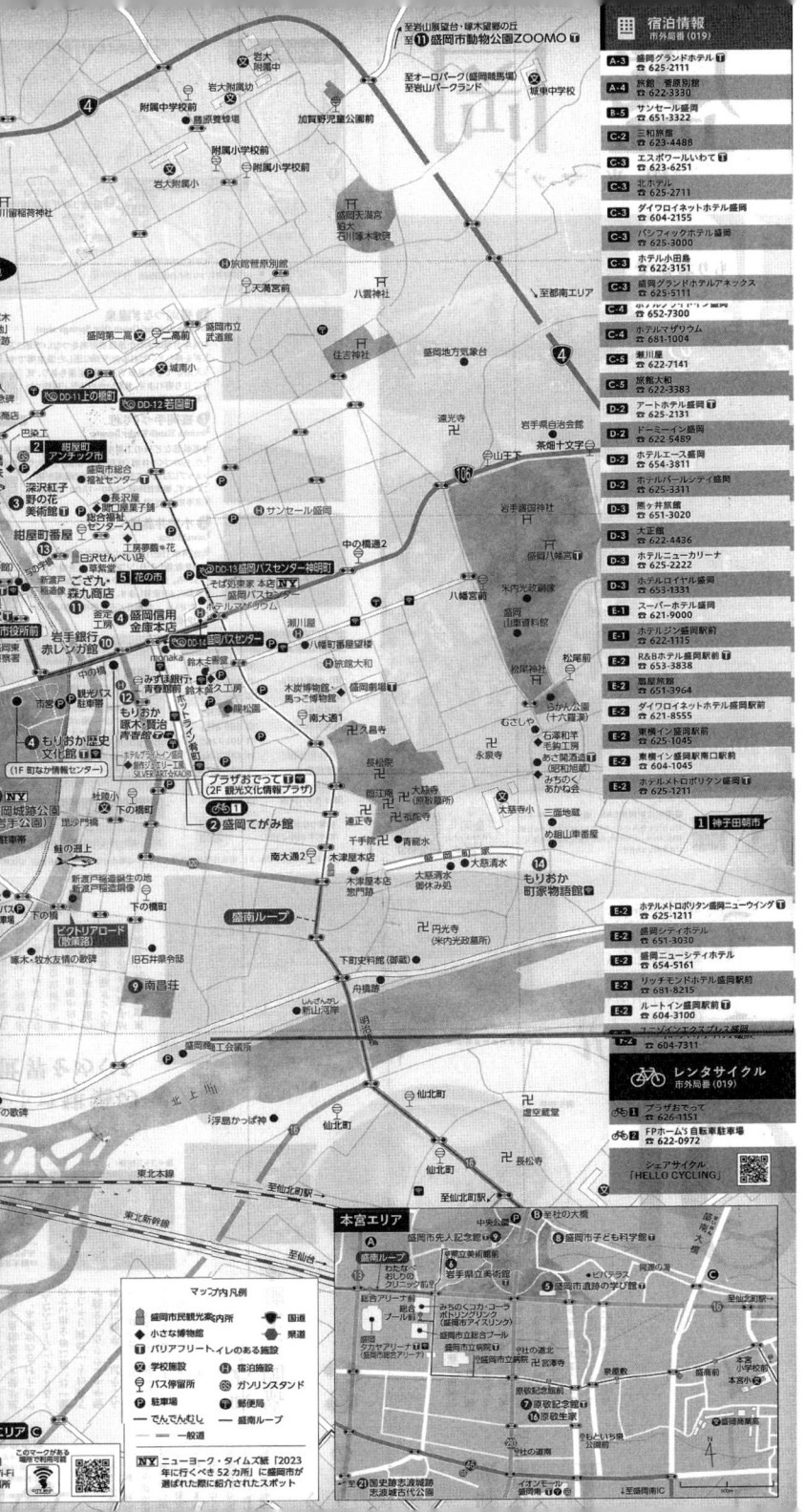

| 프롤로그 |

# 순수의 길 위에서

   2024년 8월에 하나마키를 찾아 겐지 선생의 묘소에서 여러 가지 약속을 했다. 내가 지켜야 할 약속도 있었고 선생이 지켜주어야 할 약속도 있었다. 우리는 태어난 해와 사망한 해가 다른 사람들이다. 미야자와 겐지 선생은 1896년 8월 27일 태어나서 1933년 9월 21일 돌아가셨다. 37세에 돌아가신 분이다. 나는 1970년 3월 27일 태어나서 아직 사망하지 않았다. 겐지 선생과 나는 아무런 육체적인 교차점이나 공통점도 없는 이방인이다. 하지만 내 어린 시절에 나를 매혹했던 '은하철도'라는 것이 자석처럼 겐지 선생을 끌리게 했다.

   여덟 살 때부터 철로가 놓인 마을에 살았는데 늘 기차 소리 때문에 잠을 자지 못한다는 소리를 들었다. 하지만 어렸던 나는 그 기차 소리가 들려올 때마다 어디론가 떠나는 꿈을 꾸었던 것 같다. 마을 앞에 큰 둑이 있고 그 아래 넓은 강이 있어서 아이들은 학교에 다녀와 마을 골목에서 놀거나 그 강에 내려가 놀았다. 강에는 물과 돌이 많았고 물 위에 비치는 구름이 꿈처럼 흘러 다녔다. 나는 강가 미루나무에 나가서 등을 기대고 한참 동안 하늘을 쳐다보곤 했는데 그럴 때 한 번씩 교각 위에 놓인 철로를 미끄러지듯 지나가는 기차를 쳐다보면서 몽상에 빠졌다. 가끔은 강에서 수영하다가 목숨을 잃는 이도 있었다. 마을 사람들은 아이들을 가까이 오지 못하게 했지만, 나는 물에 빠져 죽은 사람을 몇 번이나 보았다. 비누처럼 부풀어 오른 사람의 몸을 보면서 나는 죽으면 몸이 그렇게 부풀어 올라 두둥실 떠올라 어디론가 날아갈 거로 생각했다. 그럴 때 기적소리가 들리며 기차가 들어서면 나도 저 기차를 타고 어디론가 갔으면 좋겠다고 생각하기도 했다. 그런 까닭에 나는 기차와 강, 그리고 넓은 하늘을 많이도 바라보았다.

그 때문이었을 것이다. 겐지 선생의 이야기 속 은하철도가 그렇게 아름답게 느껴졌던 것은. 그 마음이 이렇게 오랫동안 가슴에 아로새겨질 줄 몰랐던 것은 정말 뜻밖의 일이다.

2019년, 처음으로 떠난 이와테현 하나마키 여행은 그 어린 날의 나에게 주는 선물이었다. 그렇게 다녀가면서 다시는 오지 못할 곳이라고 생각했지만, 그것은 시작에 불과했다. 몇 년간 코로나바이러스 때문에 해외 이동이 불가능했던 3년 정도의 시간이 지나자 얼른 다시 짐을 꾸려서 떠난 곳이 하나마키, 겐지 선생이 계신 곳이었다. 한 번 두 번, 계속 다녀올 때마다 하나마키에서는 놀라운 일들이 벌어졌다. 이것이 과연 현실일까 싶은, 믿을 수 없는 만남과 더불어 찾아온 기쁨이 늘 나를 하나마키로 향하게 했다. 이제 나는 겐지 선생의 고향 마을에 여름과 겨울철에는 꼭 다녀온다. 일 년에 한 번도 좋고 두 번도 좋다.

긴 시간이 허락되지 않으면 잠깐이라도 좋다. 그렇게 해서 다시 떠나는 여행, 이번에는 온전히 5일간 하나마키에서 머물기로 했다.

내가 겐지 선생에게 지켜야 할 약속은 '나 자신만을 위한 일이 아닌 일을 열정적으로 하는 일, 그 일과 관련하여 누구나 행복한 글을 쓰는 일'이다. 또, 겐지 선생이 내게 지켜야 할 약속은 '내가 쓰는 글을 읽고 세상 사람들에게 힘을 실어주는 일'이다. 어쩌면 이 둘은 하나처럼 보인다. 하지만 내가 선생에게 약속한 것을 '모두 함께하는 마음'을 습작하겠다는 것이고, 선생이 내게 지켜야 하는 약속은 '그 글을 사람들이 읽을 수 있도록 힘을 싣겠다'라는 것이다.

첫 번째는 내가 할 수 있는 일이지만 두 번째는 내 힘으로 할 수 없는 일이다. 작품이 좋든 나쁘든 사람들이 작품을 읽고 영향을 받는 것은 작가가 할 수 없는 일이다. 겐지 선생도 결국 자신의 글을 읽고 모두 행복할 수 있는 그 소망을 생전에 이루지 못했다. 왜냐하면, 그 당시 그 글을 읽는 사람들의 안목이 작가의 수준을 따라가지 못했기 때문이다. 작가에게 독자는 중요하다. 그래서 훌륭한 독자가 있어야 훌륭한 작가가 살 수 있는 것이다. 겐지 선생은 열정적으로 글을 썼지만 그런 독자를 생시에 만나지 못했지만, 후세에 그의 글이 사랑받으면서 하나마키 전체를 혼자 먹여 살릴 만큼의 힘을 과시하고 있다.

작가는 그렇게 시대를 뛰어넘는 사람이기도 하지만 나는 그런 시대를 비켜 겐지 선생보다 더 열린 세상에 태어났다. 그래서 작품을 발표할 기회도 많이 얻을 수 있다. 그런데도 겐지 선생이 나를 도와야 하는 것은 내 사상이 '함께 하는 사랑'에서 비껴가지 않도록 감수(監修)해 주는 일이다. 혼자 가는 길이 매번 올바른 방향이라고 말하기는 어렵기 때문이다.

 그리하여, 암묵적으로 시작된 우리의 약속은 해를 거듭할수록 견고해지고 있다. 이번 여행에서도 그 약속을 지키기 위한 우리들의 노력이 깊이 스며들어 있다. 오롯이 겐지 선생만을 향한 이 발걸음의 시간이 또 어떤 역사를 만들지 궁금해하면서, 또 광활한 우주적 상상력을 발휘할 수 있는 시간이 되기를 기대하면서 이 여행을 시작한다.

2025. 2. 23.(일)

| 일정표 |

**❶일차 2. 23.(일)**
- 혜문정지정당 慧文庭芝庭堂    *대구국제마라톤대회하는 날 ~ 도로통제
- 대구국제공항 大邱國際空港
- 나리타공항 成田國際空港
- 도쿄 역 東京駅
- 신하나마키 역 新花巻駅
- 마루마쓰하나마키제패니스레스토랑 まるまつ 花巻店 Marumatsu Hanamaki
- Hotel Grand Ciel Hanamaki ホテルグランシェール花巻

**❷일차 2. 24.(월)**
- 하나마키 역 花巻駅
- 평화기념의 상 야스라기의 像 (花巻空襲に基づく平和祈念の像) Yasuragi (Calm Comfort)
- JR하나마키역앞공원「바람의 소리를 듣는 숲」JR 花巻駅前公園「風の鳴る林」
- 모리오카 역 盛岡駅
- 모리오카 다쿠보쿠·겐지 청춘관 もりおか啄木·賢治青春館 (旧第九十銀行本店本館)
- 모리오카역사문화관 もりおか歴史文化館 Morioka History and Culture Museum
- 북풍에 서있는 소년의 초상「北風に立つ少年啄木像」本田貴侶
- 다쿠보쿠 신혼의 집 啄木新婚の家
- 미야자와 겐지상 宮沢賢治像
- 코겐사 光原社本店
- 아사히바시 旭橋
- 기타가미강변 이시카와 다쿠보쿠 가비 北上川邊 石川啄木歌碑
- 모리오카 역앞 이시카와 다쿠보쿠 가비 盛岡駅前石 川啄木歌碑
- 모리오카 역 盛岡駅
- 하나마키 역 花巻駅

**❸일차 2. 25.(화)**
- 하나마키 역앞 버스정류소 Hanamakieki mae(Hanamaki station)

- 신조지 身照寺(宮澤賢治墓所)
- 하나마키시문화회관 앞 宮沢賢治「高原」詩碑
- 하나마키시 오사카 교류 활성화 센터 花巻市大迫振興センター
  ・大迫交流活性化センター
- 히나마쓰리 雛祭りひなまつり
- 하야이케 미네와 켄지의 전시관 早池峰と賢治の展示館
- 겐지문고 賢治文庫
- 미야모리무라 발전소터 宮守村 發電所址
- 미야모리가와바시 宮守川橋梁 Miyamorigawa Bridge
- 미마츠식당 焼肉レストランみまつ
- 하나마키 역 花巻駅

❹일차 2. 24.(수)
- 하나마키 역 花巻駅
- 모리오카 역 盛岡駅 이와테은하철도플랫폼
- 하치노헤 역 八戸駅 ~ 강풍 운휴 強風 運休
- 모리오카 역 盛岡駅
- 하나마키 역 花巻駅
- 겐지문학산책로코스 안내판 新奥の細道「賢治文学散歩のみち」
  コース案内板
- 라스치징 관 桜地人館
- 라스치징 관 앞「모」시비 桜地人館「母」詩碑
- 미야자와 겐지「비에도 지지 않고」시비「雨ニモマケズ」詩碑
  Miyazawa Kenji Poetry Tablet
- 미야자와 겐지 자경지 賢治自耕の地(下ノ畑)
- 하나마키 역 花巻駅
- 린푸샤 林風舎 Rinpusha

❺일차 2. 26.(목)
- 하나마키 역 花巻駅
- 나리타국제공항 成田國際空港

**1일차_ 2025. 2. 23.(일)**

## 1. 신 하나마키 역까지

  2025년 2월 23일 일요일은 대구 국제마라톤 대회 날이다. 내가 사는 곳 주변으로 교통 통제가 된다는 소식을 듣고 좀 일찍 공항으로 출발하려고 아침 8시쯤 집에서 나섰다. 거리는 한산했으나 마라톤 대회 준비를 시작하고 있어서 주변에 바리케이드들을 내리는 행사 트럭들이 많이 눈에 띄었다. 공항 근처 입석네거리를 돌 때는 교통 통제가 시작되는 것 같았다. 조금 일찍 출발한 까닭에, 공항에 안전하게 도착했다. 10시 40분까지 탑승하고 나리타공항으로 출발했다.

  일요일이라 한산하다 했으나 나리타 공항에 내리니 일본 입국 대기 줄이 너무 길다. 한 시간 반 정도를 기다려서야 입국심사를 시작했는데 그런대로 순조롭다 했더니 마지막 입국심사에서 일본 세관원이 거만한 자세로 취하는 바람에 당황할 수밖에 없었다. 외국인 승객들이니 당연히 말은 통하기 어려울 것이나 몸짓으로라도 도와주거나 도와주는 시늉을 해야 하는데 좀 서툴러서 더듬거려도 본 척도 않고 있더니 갑자기 볼펜 뒷자루로 테이블을 탁탁 친다. 빨리하란 뜻이겠지. 빨리하고 싶지 않은 사람이 누가 있겠는가. 어떻게 저런 태도를 보이는 직원이 이곳에서 일하는지 모르겠다는 생각과 더불어 불쾌감이 느껴졌다. 그리고 보니 앞의 사람들도 시간이 꽤 오래 걸린다고 했더니 그분들도 그 세관원이 전혀 도와주지 않아서 더듬거리고 당황하면서 일을 처리했나 보다. 그쪽에서는 이렇게 몰려드는 승객들 때문에 직장을 다니게 되는 것일 텐데 거만하고 서비스 정신이 부족한 사람이라는 생각이 든다. 대부분 친절한 일본인들이지만 가끔은 이런 사람들도 있다. 누구나 다 친절할 수는 없겠지만 극우들을 조심하라는 지인의 말이 떠올랐다.

'JR EAST PASS'를 구매하기 위해 JR동일본 여행 복무 중심 東日本服務中心이라고 적힌 JR EAST 트레블 서비스센터에 갔다. 패스권을 구매하고 나리타공항에서 도쿄로, 다시 도쿄에서 도호쿠 지역으로 올라가야 해서 차표를 미리 몇 개 준비해야 한다. 기존에는 차표 시간을 가르쳐 주면서 하나씩 주문했는데 이번에는 차 시간표를 아예 가지고 가서 도착 시간에 맞추어 차표 시간에 동그라미를 쳐서 주었더니 역무원이 한 마디 물어보지도 않고 알아서 차표를 모두 발권해 주었다. 패스권 발행 후 하나마키로 가는 기차표를 주문하고 출국할 때 필요한 기차표도 아예 미리 발행했다. 작년 8월에 홋카이도 하코다테에서 하나마키로 내려오는 기차에는 좌석이 없어서 3시간 넘게 서서 왔다. 그 생각이 나서 이번에는 아예 돌아오는 기차도 미리 지정석으로 예약해야겠다 싶었다. 일 처리를 말끔하게 해 주는 역무원에게 감사 인사를 하고 센터 밖으로 나왔다. 이 패스권은 5일짜리인데 지정한 도호쿠 지역에는 자유롭게 사용할 수 있다. 국내에서 예약하고 대금을 치렀기 때문에 이곳에서 대금 결제할 일은 없다.

먼저 나리타공항 제2 빌딩 역에서 도쿄 역까지 가야 한다. 15시 18분 출발 16시 14분 도착이다. 도쿄 역까지 가는 기차를 타기 위해 기다리는 동안 배가 고파 먹을 것을 꺼내 먹었다. 벌써 4시가 가까워졌기 때문에 점심도 제대로 못 먹어서 허기가 졌다. 늘 있는 일이지만 공항까지 오면 그때야 허기가 진다. 이번에는 다른 때와 달리 한국에서 간식을 준비해 왔다. 삶은 달걀과 레드향을 많이 가져왔다. 여행 갈 때 삶은 달걀을 먹으면 속이 든든하다 싶어서 집에서 삶아 왔다. 편의점에 가서 사 먹는 것도 시간이 바빠 사기 어렵다. 그래서 가방에 넣어 왔더니 기차 오는 시간에 맛있게 먹어서 속이 든든했다. 배가 아주 고파서 삶은 달걀을 세 개나 먹고 맛있는 제주도산 레드향도 두 개나 까먹고 나니 그제야 배가 든든했다. 도쿄에 가서 신 하나마키 역으로 가는 기차로 갈아탈 텐데 거기서 도시락을 사서 먹기로 했는데 그때까지는 배가 든든하겠다.

50분 만에 도쿄 역에 도착했다. 신 하나마키 역으로 가기까지 시간이 30분쯤 여유 있어서 늘 먹던 빵집으로 향했다. 도쿄 역에도 자주 오다 보니 눈에 익어서 맛난 빵집도 알게 되었다. 한국에서도 어지간하면 밀가루 음식을 피하다 보니 빵도 오래간만에 사는 것이다. 여행에서는 맛나게 먹고 집에 돌아가서는 다시 음식 가려먹지! 싶어서 맛난 빵을 많이 골랐다. 주로 건강한 빵들이 많이 있었는데 한국보다 빵이 맛있기도 하면서 가격도 저렴하다. 한 보따리 사놓고 보니 너무 많나? 싶은 생각도 들지만 다니면서 간식으로 먹으면 되겠다.

도쿄 역에서 16시 56분 출발 신 하나마키 역 19시 32분 도착하는 기차를 탔다. 자리를 잡고 빵을 먹고 있으니 하나마키 지인에게 라인으로 메시지가 도착했다. 몇 시에 도착하는지 묻는다. 시간을 가르쳐 주니 신 하나마키 역에서 기다리고 있겠다고 답한다. 본래 계획으로는 신 하나마키 역에 내려 재래선을 타고 하나마키 역으로 가는 것이다. 신칸센이 하나마키 역에는 도착하지 않아서 신칸센 도착하는 역에 내려야 한다. 모리오카 역에도 내릴 수 있지만 거기에서 하나마키까지 재래선을 타고 오면 40분 넘게 걸리고 신 하나마키 역에서 하나마키 역으로 재래선을 타고 오면 10여 분 걸리기 때문에 신 하나마키 역에 내리는 것이다. 신 하나마키 역에서 하나마키 역까지는 따로 차표를 구매하지 않고 패스권으로 승차할 수 있기 때문에 교통비 부담이 없다. 출국 전에 일본 지인에게 여행 일정을 알려 놓았기 때문인지 대략 시간 맞춰서 연락이 온 것이다. 일본에 아는 사람 하나 없었는데 이렇게 역에 마중까지 나와 주는 사람이 있다는 사실이 신기하기만 하다. 아마 그 오래된 차를 타고 와 있겠지? 60대 중반의 남성인 이토 기미오는 작년 겨울 '비에도 지지 않고' 시비에서 만난 분이다. 겐지 선생이 이어준 인연으로, 작년 여름에도 하나마키에 도착해서 함께 식사하며 하루를 같이 다녔다. 이번에도 역시 시간을 내주었으니 고마운 인연이다. 어느새 나도 하나마키인이 되어가는 느낌이다. 신 하나마키 역까지 2시간 30분 넘게 걸리니 잠시 눈을 붙여도 되겠다.

## 2. 배웅

열차가 정차했다. 짐을 챙겨 내려오니 플랫폼은 이미 어둠에 휩싸였다. 신 하나마키 역엔 늘 밤에 내리게 된다. 지난 2019년도에 이기리스 해안으로 가려던 것이 몇 번이나 불발되어 고민하다가 끝내 찾아간 날, 그날만은 환하게 밝은 낮이었고 여름날 뙤약볕에 샛노란 해바라기들이 반가이 맞이했던 곳. 그 여름에 한 번 가고 1년 전 다시 한번 갔으나 그땐 기차를 타지 않고 하나마키 지인의 자동차를 타고 갔다. 이기리스 해안에는 겐지 선생의 발자취를 알리는 표지판만 서 있고 겐지를 사랑하는 사람들이 모여 봉사하는 '무료 휴게소'는 문을 닫았다. 이제 다시는 무료 휴게소 운영하지 않는다고 하니 조금은 섭섭한 마음이다.

오늘 신 하나마키 역에도 역시 저녁에 도착하게 되어 역광장을 훤하게 볼 수 없어 안타깝지만, 지인이 신 하나마키 역에 마중을 나와 준다는 것에 큰 위로를 받는다. 개찰구를 빠져나오니 큰 기둥 뒤에서 한 사람이 장난스럽게 '까꿍' 하며 튀어나온다. 하나마키 현지인 이토 키미오이다. 넉살이 좋고 유머 감각이 좋은 지인과 또 이렇게 재밌게 만난다. 하하, 웃으며 반갑게 악수하고 플랫폼을 빠져나가니 바람이 세차다. 교토에서 기차로 줄곧 왔을 때는 느끼지 못했지만, 이곳은 확실히 북쪽이라 바람이 다르다. 귀가 쨍, 하고 차가웠다. 지난 8월에 만나고 이번에 만났으니 6개월 만이다. 한여름에 만나 메밀소바를 먹으러 가서 더위를 식혀가며 맛나게 먹었는데 지금은 추위서 모자를 푹 눌러쓰고 있으니 그사이 계절이 이렇게 바뀌었구나.

 한 가지 위안이 되는 것은 일본과 한국이 사계절이 존재하고 거의 기온이 비슷하다는 것이다. 단지 일본은 면적이 넓어서 우리가 사는 남한보다 조금 더 춥고 조금 더 더운 정도의 다양한 기후를 지니고 있다는 것만이 다르다. 그렇다 보니 자라는 식물도 비슷한 것이 많다. 먹는 음식은 확실히 다른 점이 있지만 풍경은 한국과 일본이 엇비슷하다. 한국은 빠른 속도로 변하고 있지만 일본은 어느 시점부터 정체 상태를 유지하면서 풍경은 변함이 없다. 오히려 이점이 우리에게 고향 같은 느낌을 선물해 주기도 한다. 옛날 우리가 자랐던 그 시골 마을의 풍경을 일본에서 더 느낄 수 있다는 것이 슬프기도 하다. 우리의 것은 이렇게 모두 흘러가 버리는 것일까?

 25년 된 자동차에 올랐다. 지인은 이렇게 오랫동안 차를 타면서 손수 수리한 곳도 많다. 지난여름에 탔던 바로 그 자동차다. 사람도 반갑지만, 자동차도 반갑다. 지인이 저녁 식사를 무엇으로 하겠느냐고 물어본다. 신칸센에서 빵을 먹고 왔고 호텔에서 먹으려고 도시락을 사서 가방에 넣어 왔는데 식당을 안내해 줄 모양이다. 도착 시간이 저녁 먹을 시간이기도 하고 중간에 밥을 먹지 못할지도 모르겠다는 생각도 했나 보다. 도시락은 내일 야외에서 먹어도 되겠다 싶어서 어떤 곳이라도 좋다고 했더니 잠시 뒤 식당에 도착한다고 한다. 시골 마을에는 워낙 일찍 문을 닫는 편이라서 지금 밥 먹을 곳이 있나 싶었더니 현지인이 있으니 이런 좋은 점이 있다. 밥 먹을만한 곳을 훤하게 알고 있으니 말이다.

잠시 뒤 도착한 식당은 꽤 규모가 있는 곳이다. '마루마쓰'라는 이름의 식당이었고 우리는 돈가스와 소바 등 평범한 음식을 주문했다. 그리고 한국에서 가져간 홍삼양갱과 홍삼캔디를 선물로 드렸다. 일본에는 홍삼이 없다고 한다. 그래서 무척 신기하게 여긴다. 홍삼양갱이 묵직하다. 드시고 건강하시기를 바란다. 지난 12월경에 'IGR은하철도' 인스타그램에 올라온 달력 판매 광고를 보고 연락해서 이와테 은하철도 달력을 구매해 보내달라 부탁드렸다. 원하는 만큼 충분히 달력을 잘 묶어서 보내주셔서 감사히 잘 보고 지낸다. 그 달력 대금을 봉투에 넣어서 드렸다. 달력 다섯 개와 우편료까지 모두 8,100엔. 우리나라에서는 이렇게 달력을 사 본 적이 없는데 이 달력은 은하철도가 달리는 모습을 담고 있어서 구매하고 싶었다. 해외에서 배송받기가 어려운 형편이었는데 마침 지인이 직접 모리오카 역으로 가서 달력을 구매해 보내주셨기 때문에 가뿐히 달력을 집에 걸어 놓고 매일 은하철도 사진을 보고 있다.

식사 중에, 일정에 관한 이야기를 나누었다. 우리는 내일 모리오카에서 미야자와 겐지와 이시카와 다쿠보쿠의 흔적을 찾아다닐 것이고 모레는 겐지 선생의 묘소를 참배하고 히나마쓰리에 가볼 거라고 했다. 지인은 내일의 일정에는 함께하지 못하고 모레 히나마쓰리에 함께 가겠다고 했다. 자신의 자동차로 안내해 주겠다고 해서 기뻤다. 그런데 원래의 계획대로라면 오전에 히나마쓰리에 갔다가 오후에 겐지 선생 묘소에 가는 것이었다. 지인의 일정이 있어서 오전과 오후 일정을 바꾸기로 했다. 그래서 나와 동행인은 겐지 선생의 묘소에 먼저 다녀오고 점심을 먹은 후 지인을 만나 마쓰리에 가기로 했다. 의사소통이 쉽지 않아서 번역기 도움을 받아 가며 이야기를 나누었다.

히나마쓰리는 일본에서 어린 여자아이를 위해 열리는 축제 행사이다. 아마 전국적으로 모든 지역에서 열릴 것이다. 마침, 우리가 있는 동안에 하나마키 '오오사마'라는 곳에서 마쓰리 행사가 열린다고 한다. 그동안 마쓰리에는 많이 가보지 않았는데 이번에는 3일 동안 하나마키에 머물기 때문에 여유 있게 한 번 가보리라 한다. 하나마키의 문화를 좀 더 알아야 겐지 선생을 더 깊이 알 수 있으리라 생각한다.

식사를 마치고 헤어지기 전에 나는 인사치레로 토마토는 많이 팔았는지 물어보았다. 지인은 내가 무슨 말을 하는지 잘 모르겠다는 표정을 짓는다. 지난여름에 내게 준 그 토마토들이 맛있었다. 그 정도면 좋은 값에 팔지 않을까 싶다고 하니까 하하 웃으면서 그 토마토는 판매용이 아니라고 한다. 그저 소중한 사람들과 나누어 먹기 위해 집 근처 조그만 땅에서 키우는 것이란다. 나는 그분이 토마토 농사를 지어 센다이 같은 큰 도시로 직접 내다 팔러 나가는 줄만 알았다. 그 토마토가 정말 맛있었다고 하니까 도치기현에 토마토 농사를 가르쳐 주는 곳에 가서 직접 배웠다고 한다. 뭔가 배우고 실험하는 것을 좋아하는 사람이다.

식사 중의 일을 봐서도 그렇다. 일본에서는 돈가스 소스로 겨자를 발라 먹는다고 한다. 우리는 그런 소스가 낯설어서 손을 대지 않았는데 지인이 이렇게 말하는 것이다.
'실험 삼아서 한 조각만 겨자에 발라서 한번 먹어보면 어떨까요?'
그 정도는 괜찮겠다 싶어서 옆에 있던 겨자를 발라서 먹어봤더니 뜻밖에도 맛이 더 좋았다. 돈가스의 느끼함을 겨자가 보완해 주는 것 같았다. 맛있다고 이야기하고 나머지는 겨자소스와 함께 먹었다. 일본인들은 당연하게 여기는 소스이지만 낯선 사람들에게는 이상한 고정관념이 있어서 새로운 것을 도전하는 것이 쉬운 일이 아니다. 먹는 것 외에 모든 생활이 그렇다. 점점 실험하는 생활을 하지 않으면 많은 것을 놓친다.

우리가 만날 장소와 시간을 정했다. 지인은 우리가 점심 먹을 곳을 종이에 지도를 그려가며 안내해 주었다. 우리가 조사해 온 식당도 있었지만, 현지인이 소개해 주는 식당에 가보는 것도 괜찮겠다 싶었다. 2월 25일 화요일 낮 12시, 은사시나무 공원에서 만나기로 했다.

식사 후 밖으로 나오니 식당 뒷마당에 눈이 한가득 쌓여 있다. 가로등 아래서 기념사진을 찍고 눈 뭉치를 만들어 서로 던지며 잠시 동심의 시간을 보내고 차에 올랐다. 거기서부터 우리 숙소까지는 15분가량이라고 한다. 우리가 모르는 낯선 밤의 하나마키를 달리는 기분이 묘했다. 생각했던 것보다 하나마키는 큰 곳이다. 조그만 동네는 아니라는 걸 지난여름에야 알

앗다. 이 큰 도시 사람들을 겐지 선생이 먹여 살리는 정도가 되었다. 이렇게 되기까지 얼마나 많은 정성과 사랑으로 다져졌을까. 한 사람이 한 도시를 먹여 살린다. 그래서 그 도시는 영원히 그를 찬탄할 수밖에 없는 것이다.

   호텔 앞에 도착해서 짐을 꺼내 들고 지인과 인사를 나눈다. 우리는 화요일에 만나기로 하고 멀어져가는 지인의 차를 향해 오래 손을 흔들어 주었다. 호텔은 지난번 한 번 묵은 적이 있어서 익숙했다. 비슷한 구조의 방에 들어와 밤 하나마키의 불빛을 바라보다가 호텔 지하에 마련된 뜨끈한 온천에 다녀오니 온몸의 피로가 풀리는 듯하다. 겐지 선생이 우리를 어떤 식으로 환대할지 내일부터 3일간의 시간이 기대된다.

2일차_ 2025. 2. 24.(월)

## 3. 바람의 소리를 듣는 숲

 아침에 일어나 창밖을 보니 하나마키 하늘에 철새들이 줄을 지어 날아간다. 하루를 달려 이곳에 왔는데도 외국이라는 느낌이 들지 않는다. 우리나라의 어느 지역에 와 있는듯한 낯익음이 마음의 긴장을 풀어 준다. 아침을 든든히 먹고 하나마키 역 광장으로 나온다.
 오늘은 무심히 지나갔던 두 군데를 집중적으로 살펴보려 한다. 먼저 '평화 기념의 상'이다. 하나마키 역에서 호텔 쪽에 서 있는 낡은 여신상은 하나마키의 평화를 위해 세운 것이라 한다. 태평양 전쟁 때 하나마키시가 공습받아 많은 시민이 목숨을 잃었다 한다. 그분들의 넋을 기리고자 세운 여신상이다. 전쟁이란, 누가 일으키든 간에 누구든 피해를 당할 수밖에 없다. 일본도 그 사실을 누구보다 잘 알고 있을 것이다. 무고한 생명이 희생당하는 일을 자처하는 일은 옳지 못한 일이다. 아이러니하게도 하나마키 시민들은 그 전쟁의 희생자가 되었으니 그 목숨이 얼마나 가여운가. 삼가 고인들의 명복을 빌며 돌아서니 마음이 사뭇 무겁다.

 하나마키 역 광장 중앙에는 '바람의 소리를 듣는 숲'이라는 조형물이 있다. 오늘따라 철새들이 여러 팀 북쪽으로 날아간다.

 이제 철새들이 북쪽으로 이동할 때가 되었나 보다. 조형물로 만든 쇠 나뭇잎 사이로 철새들이 V자 대열을 이루면서 끼룩거리며 유유히 날아간다. 그 사이 조형물의 프로펠러는 돌고 있고 쇠로 이루어진 숲 사이에서 청아하고 아름다운 음악이 흐르고 있다. 조형물에 대한 안내에는 미야자와 겐지 선생의 작품에서는 바람의 소리를 듣는 기운이 있다고 한다. 여러 심상은 겐지 선생의 마음과 일치하며 이 조형물은 그것을 형상화해서 만들게 되었다고 한다. 조형물은 1994년 3월에 만들었다고 한다.

 이 조형물 가까이 서서 감격스러움에 입을 떼지 못했다. 누구나 바람의 소리를 듣지만, 나는 오래전부터 바람의 미세한 소리를 들을 줄 아는 사람이 자연인이라 생각했다. 누구나 들을 수 있는 소음으로서의 소리가 아니라 마음의 소리를 바람으로 대변해 들을 수 있다고 생각했고 그래서 그런 미세한 심연의 소리를 듣겠다는 뜻으로 '바람의 소리를 듣는 시 낭송 교실'이라는 제목으로 문화센터 강좌를 진행했다. 그 이전부터도 산책길에서 늘 바람의 소리에 귀를 기울이곤 했기 때문에 바람은 정령이라는 사실을 알고 있었다. 문학과 역사 기행을 다닐 때도 늘 이런 이름을 썼다. '바람의 소리를 듣는 문학과 역사 기행' 더구나 1994년, 이 조형물을 만들던 해는 내 생애 가장 아름다운 만남을 이룬 해이다. 사랑하는 아들을 낳은 해, 나는 1994년 9월 17일 그 아이를 만났고 지금까지 삼십 일 년째 모자 관계를 넘어선 영적 교감의 친구로 살아가고 있다. 바로 그해 세워진 조형물, 그보다 훨씬 이전부터 불렀던 이 이름. 이런 것들이 결코 우연이라고 여겨지지 않는 것은 겐지 선생의 이야기를 대하던 처음부터 지금까지 늘 그분과 함께한다고 여긴 까닭이리라. 또, 그분이 전하고자 하는 '사랑과 행복'은 내게도 큰 화두였기에 어떤 방법으로 이 세상을 살아갈지 알고자 시행착오를 겪는 동안 바야흐로 그분과의 관계가 운명적으로 엮이지 않았나 싶다. 50이 넘는 일생 중 40년 넘는 세월을 그분과 함께했다면 그 얼마나 소중한 인연인가 싶다. 바람의 소리를 듣는 쇠 숲에서 나는 내 일생을 돌이켜보며 다시 한번 더 이승의 짧은 세월에 대해 숙고했다. 살아가는 동안 나 자신만을 위한 일에 집착하느냐, 나 자신만을 위한 일이 아닌 그 어떤 일에 힘을 다하느냐는 결국 이 세상의 사랑을 얼마나 전하는가를 대변해 주는 일이다. 누군가에게 보이려는 마음이 아니라 진정으로 내면의 기쁨과 행복을 느끼려는 마음의 실천…. 촛불처럼 빛나는 삶을 바란다면 바로 그런 실천의 실행이 있어야 할 것이다.

## 4. 다쿠보쿠・겐지 청춘관으로

뜨거운 감동을 뒤로하고 플랫폼으로 들어가 모리오카 역으로 향했다. 추운 날씨를 예상하고 따뜻한 털모자와 목도리를 하고 왔더니 아침 날씨도 그리 춥게 여겨지지 않는다. 모리오카를 향하는 기차 안에서 이번에 쓰기로 한 단시조를 몇 편 써본다. 이번 여행을 통해 시조집을 한 권 내 보리라 하고 여행하는 곳마다 시조를 써보는 중이다. 따스한 햇볕이 내리쬐는 기차 안에서 시조를 쓰니 편안한 느낌이다. 이런 순간의 포근함을 오래 간직하고 싶다.

모리오카 첫 행선지는 다쿠보쿠・겐지 청춘관이다. 6년 전에 처음 왔을 때는 잠시 들렀고 다쿠보쿠에 대해서는 크게 관심을 가지지 않았다. 하지만, 지난해 여름에 하코다테에 들러 다쿠보쿠의 흔적을 찾아본 뒤로 소중한 의미로 다가왔다. 국민 시인으로 추앙받는 다쿠보쿠는 한국 시인들에게도 영향을 많이 끼쳤다. 가장 많이 알려진 이야기는 '최승희'라는 무용수에게 큰 영감을 주었고 '백석'이라는 시인에게 크나큰 영향을 끼친 시인이라는 것으로도 그가 대단한 사람임을 알 수 있다. 하지만, 백석이라는 시인이 구태여 이름을 이시카와의 '이시'의 '석(石)'을 백석의 '석(石)'으로 바꿀 만큼 이시카와(石川) 다쿠보쿠는 큰 존재였을까. 우리에게 백석이라는 시인도 전설 속 인물이다. 하지만 그를 그렇게 움직인 시인이 이 일본의 단가 시인이라니 역사적으로 보자면 아이러니한 부분이다.

어쨌든 문학은 국경도 성별 차이도 없어야 하는 것이니 이시카와 다쿠보쿠는 전 국민을 울린 단가 시인이었고, 수많은 예술가에게 영감을 불러일으킨 문인이라는 사실만은 분명하다. 그분의 단가집을 보면 감탄하지 않을 수 없는데 그 자체로도 문학은 경이로운 신의 노래라는 걸 시인해야 한다.

  관광버스가 있길래 기사님께 다쿠보쿠·겐지 청춘관에 가려면 어느 곳에서 버스를 타는지 물어보니 맞은편 쪽 12번 정류소에 있으면 된다고 한다. 건너와 잠시 기다리니 버스가 도착했다. 버스를 타고 몇 정거장 건넌 다음 청춘관 정문에 버스가 정지한다. 차비를 내려니 기사가 갑자기 소리를 지른다. 두 사람 것을 한꺼번에 냈더니 두 사람이 한 사람 것만 내는 것이라 착각한 것 같다. 그래서 차표를 두 장 모두 넣고 돈도 두 사람 것을 넣었다고 하니까 한 사람 것을 다시 넣으라고 한다. 돈이 아까워서가 아니라 그렇게 넣었다고 하는데 그 말을 믿지 않고 한 사람분을 더 넣으라는 것이 괘씸해서 서툰 말로 두 사람의 차표를 한 번에 넣고 두 사람분 동전을 넣었다고 몇 번 말해도 귀찮은 표정으로 "아 됐어요. 그냥 가세요!"라고 한다. 갑자기 도둑놈이 된 느낌이라 찝찝하여 그냥 서 있으니 빨리 내리라고 소리를 지른다. 버스에서 내려 한동안 멍하니 서 있었다. 모든 사람이 다 같지는 않지만, 대부분의 일본 버스 기사분들의 자세는 훌륭했다. 그 점은 우리나라 기사분들도 배워야 한다고 생각했다. 그런데, 나리타 공항에서 만난 그 세관원처럼 위압적이고 사람 함부로 대하는 이들이 곳곳에 있다고 생각하니 막연하게 일본 사람들이 친절하다는 것에 감동할 일이 아니라는 결론에 이른다. 그들의 몸에 밴 습성이 친절인 것은 '살아남기 위한 친절'일 거로 생각하는 것이 가장 객관적이다.

버스 기사 일은 마음 쓰지 않기로 하고 청춘관에 들어섰다. 청춘관에는 다쿠보쿠와 겐지의 생몰 연월을 비교하여 사진과 이력을 올려놓았다. 다쿠보쿠는 27세에, 겐지는 37세에 돌아가셨다. 다쿠보쿠가 10세 무렵에 겐지 선생이 태어났으니 열 살의 차이가 있는데 다쿠보쿠가 먼저 돌아가시고 겐지 선생이 조금 더 살다가 돌아가셨다. 그들이 모리오카에서 공부하면서 남긴 흔적과 그들의 위상을 알 수 있는 자료들을 많이 전시해 놓았다. 겐지 선생은 본인 생시에 '봄과 아수라'라는 시집과 '주문이 많은 요리점'을 출간했다. 특히 '주문이 많은 요리점'은 출간해 주려는 곳이 많지 않아 원고를 들고 여러 곳을 찾아갔다고 전해진다. 오늘 그 책을 출간해 준 출판사 '코겐사光原社'자리에도 가볼 예정이다. 그 책은 누구나 쉽게 출간해 줄 수 없었을 것이다. 왜냐하면 그 당시 일본은 제국주의 국가로 변모해 전쟁을 일으키고 식민지를 개척하고 있었는데 겐지의 그 책은 '공생'과 '평화'에 대한 소망을 담았기 때문에 반反국가적 동화를 내줄만한 이가 있을 리 없었기 때문이다.

청춘관에서 하는 특별전은 정말 특별한 내용이다. 겐지 선생과 다쿠보쿠 선생의 음식과 술에 관한 것이었다. 특히, 작품 속에 드러나는 음식에 관해서는 흥미로운 이야기들이 많았다. 겐지 선생의 작품 속에는 양식 요리에 관한 이야기가 많은데 그것은 사회적 현상과 자연스럽게 관계된 것이었다. 자신이 사는 시대에 맞는 음식과 술을 작품 속에 등장시키는 일은 당연한 일이다. 어쩌면 그것을 알면 작가의 작품에 관한 비밀을 푸는 열쇠도 될 수 있다. 귀국해서는 겐지의 작품들을 모두 다시 읽어

봐야겠다는 생각이 들었다. 기획전 한쪽에 소개된 것은 겐지 선생이 살아생전에 자주 먹었다던 튀김 메밀소바와 사이다가 음식 모형으로 소개되어 있었다. 이번에 그 음식을 판다는 그곳에 가서 한 번 먹어볼 수 있으면 좋겠는데 시간이 될지 모르겠다.

한쪽 편에 있는 방명록에 이런 내용을 적었다.

> '멀리서 겐지&다쿠보쿠 선생을 만나러 왔습니다. 그분들의 작품 속에 나타난 음식문화에 대해 새롭게 알게 되었고 감동하였습니다. 작가는 그 시대의 흐름에 영향을 받아 작품을 쓴다는 사실도 절감했습니다. 좋은 전시 보고 갑니다. 저도 집필에 큰 도움 받을 것 같습니다. 감사합니다. KOREA, KIMDOOL'

2층에서 내려와 1층에 있는 이하토브 체험실에 들어가서 겐지 선생의 이하토브에 관한 이야기를 음성으로 듣고 겐지 선생 흉상 옆에 와서 기념 촬영했다. 나오는 길에 '모리오카 단가' 응모함이 있어서 주변을 찾아보니 응모 용지가 보이지 않아 아쉬운 마음으로 나온다. 용지가 있었다면 나도 단가 대회에 작품을 출품했을 것이다.

## 5. 다쿠보쿠 신혼집을 향하여

청춘관 앞을 나와 네거리에 이르니 과일이랑 채소를 내놓고 팔고 있었다. 시식용으로 내놓은 귤을 하나 까서 먹어보니 신

맛이 너무 강하여 인상을 찌푸리게 된다. 한국에서 가져온 맛난 레드향만큼 더 맛있는 귤 종류는 아무래도 일본에서는 찾기 힘들 것 같다.

다리를 하나 건너자니 강에 눈이 아직도 많이 쌓여 있다. 이번에 눈이 제대로 왔나 보다 하며 다리 건너 벤치에 자리를 잡았다. 어제 도쿄 역에서 사들인 도시락을 점심으로 먹기로 했다. 홋카이도식 도시락이라 그런지 생선 종류가 많다. 식사를 마치고 곧바로 뒤에 있는 모리오카역사문화관에 들어갔다. 거기서 기념품이라도 사야겠다 싶었는데 뜻밖에도 거기에 '모리오카의 단가 작품공모엽서'를 만났다. 잘됐다 싶어서 몇 장 챙겨왔다. 단가 습작을 하는 중인데 이럴 때 응모해 보는 것도 좋은 공부다 싶다. 그런데 바깥에서 쓰기는 좀 어려울 듯하여 숙소에서 쓴 다음 우편으로 보내기로 했다.

모리오카 시내를 한참 걸어 다쿠보쿠 신혼집으로 향한다. 어쩌다 방향을 잘못 잡아 한 블록을 실컷 돌다가 찾아가는 바람에 다리가 제법 아프다. 겨우 도착한 곳의 마당에는 눈이 한가득 쌓여 있었다. 6년 전 이 집에 들렀을 때는 더운 여름이었는데 리모델링 공사를 하고 있다고 하더니 계절이 바뀌니 느낌도 다르다. 그런데 안에 들어가려고 주변을 살펴보니 리모델링을 한 느낌이 나지 않아 놀랐다. 우리나라의 경우에는 리모델링하게 되면 확실히 눈에 띄게 하므로 예전 모습을 찾을 수 없는 경우가 많은데 이곳은 그저 있는 그대로의 모습뿐이다. 내가 찾았던 그 이전의 모습을 알 수 없어서 지금의 모습이 변한 것이라는 걸 모르는 까닭일까.

달라진 점 하나가 있다면 문화해설사가 상주하고 있다는 사실이다. 들어가니 다른 손님들 안내하다가 인사를 하면서 방명록에 인적 사항을 적어달라고 한다. 한국에서 온 사람이라는 걸 알고는 반가워하시며 당신도 한국에 관광한 적 있다고 하신다. 서울, 부산, 경주 같은 데 가 봤다고 하면서 경주는 일본의 교토와 비슷한 느낌이었다고 한다. 그 정도면 꽤 관광에 조예가 깊은 분이다. 내부는 오래전과 비슷했기 때문에 특별히 안내받을 일은 없었지만 그래도 열심히 안내해 주셔서 들어보고 궁금한 점 있으면 물어보면서 즐겁게 이야기 나누었다.

집의 규모는 아주 큰 편이었는데 이 집에서 신혼부부만 살았던 게 아니라 가족들과 함께 살았다고 하니 이만한 집에 여러 사람이 분주하게 움직이면 대가족의 활달한 생활을 누렸겠다 싶다. 신혼부부의 사진이 있는 방에서는 앞 뒷문이 환하게 열려 있어서 발이 시렸다. 눈이 오고 난 다음이라 찬기가 더 했는데 왜 방문을 열어 놓는지 모르겠다. 따뜻한 난로 등으로 방안을 덥히고 따뜻한 신발을 내주면 관광객들이 조금이라도 더 있다가 갈 텐데 들어오면 바로 나가고 싶을 만큼 서늘했다. 그래도 언제 또다시 와 보겠는가 싶은 마음에 신혼 방에서 한참 동안 앉아 사진도 찍고 다쿠보쿠 부부를 쳐다보며 이들의 신혼생활을 상상해 보았다. 일본인들이라 우리와 정서가 다르니 어떤 이야기를 주고받았을 것이라는 생각은 한계가 있었고 세간에 알려준 신랑 없는 결혼식에 관한 이야기로 흥미로운 상상을 해 보았다. 결혼식 날 신랑이 나타나지 않아서 신부가 이곳에서 혼자 결혼식을 했다니 지금도 흔하지 않은 특별한 사건일 것 같다.

지난 여름, 다쿠보쿠가 살았던 집터에 가보았다. 비록 그 집이 불에 타 버리고 말았지만, 불탄 집의 자리를 보존해 놓았다. 다쿠보쿠가 정말 행복하게 지냈다던 하코다테에서의 생활이 생각나서 이곳에서 결혼식 올리고 모리오카에 계신 부모님들을 모셔 와 가족들이 오순도순 하코다테에서 살았던 모습까지 슬라이드처럼 그림이 그려진다. 시인은 가족과 화목하게 지내는 것을 무척 좋아했다고 한다. 나오는 길에 이 집을 동영상으로 찍어도 되는지 물어봤더니 유튜브에 올릴 거라면 찍으면 안 된다고 하셨다. 개인적으로 한 번씩 보고 싶을 때 보려고 한다고 하니까 괜찮다고 허락해 주셔서 10분 정도 실내 동영상 촬영했다. 나오는 길에 문화해설사 선생님께 제주도에서 가져온 레드향 한 알을 선물로 드렸다.

"한국에서 먹는 맛있는 밀감인데 이름이 레드향입니다. 작은 것이지만 선물로 드립니다."

하고 말씀드리니 환하게 웃으시면서 고맙다고 연신 고개를 숙이신다. 다음에 또 한국에 오고 싶다고 하시길래 한국에 자주 와 주세요, 하고 웃으며 인사드렸다.

눈 쌓인 다쿠보쿠 신혼의 집 뒷마당에 잠시 멈추었다. 지난여름 다녀왔던 시부타미의 들판이 생각나서였다. 시부타미, 그 푸른 들판을 가로지르며 놀며 학교 다녔던 소년 다쿠보쿠의 삶이 모리오카 신혼집으로 옮겨와 조금은 묵직해진 건 아니었을까 싶다. 결혼하고 나서도 가난 때문에 고생을 많이 했던 시인, 문학을 사랑해서 모임을 하고 글을 썼지만, 그것이 생활의 안정을 가져오지 못했다. 시를 안 쓰면 견딜 수 없는 허기가 있고, 시를 쓰면 쓸수록 더 고독해지는 심연의 고통…. 그것은 시를 쓰는 사람 누구라도 비껴갈 수 없는 천명 같은 것이다. 다쿠보쿠의 잘 알려진 단가집은 생활 단가집이다. 『슬픈 장난감』, 『한 줌의 모래』이 두 단가집은 가장 유명해진 단가집이지만 실제로는 깊은 시심을 다룬 단가들이 아니고 일상생활을 소재로 쓴 단가들로 묶였다. 말하자면, 문학성이 조금 결여된 평이한 단가들이 더 유명해졌다. 진정한 의미의 깊이 있는 단가들은 일반인들이 이해하고 즐기기는 어려움이 많다는 뜻이다.

다쿠보쿠의 진정한 매력과 천재성은 깊이 있는 단가에서 엿볼 수 있다. 대중이 좋아하는 작품이 작품성 있는 작품이라고 보기 어렵다. 다쿠보쿠가 하고 싶었던 깊은 곳의 이야기들은 지금도 독자들의 사랑을 받지 못하고 있다고 느껴진다. 그만큼 그의 문학적 예민함은 일반성을 넘어서는 것이리라. 다쿠보쿠 신혼집에서 나오면서 하코다테의 생활이 생각나면서부터 삶의 고단이 내 몸으로 다가온다. 하코다테에 그와 가족들의 묘지도 생각났다. 죽기 전, 그는 하코다테 바다가 보이는 곳에 묻어 달라 유언했다. 그가 태어난 시부타미도 아니고, 가족과 함께 살았던 모리오카도 아니고 몇 년밖에 살지 못한 홋카이도 하코다테 바다가 보이는 곳…. 그의 외로움이 절망에 다다랐음을 몸으로 느낄 수 있다.


6. 광원사를 향해

다쿠보쿠 신혼집을 뒤로 하고 걸어가는 곳은 미야자와 겐지의 책 『주문이 많은 요리점』을 출간해 주었다는 '광원사'라는 출판사 자리이다. 이곳 역시 6년 전에 한 번 와 봤지만, 그때도 잠시 들렀다 금방 나와 버렸다. 다쿠보쿠 신혼집에서 걸어서 15분 정도 걸리는 곳에 있다.

천천히 걸어서 가고 있으니, 한국에서 카톡이 도착했다. 내 마음의 빚을 잘 알고 있는 '빨강머리앤 출판사' 대표님한테서 온 것이다.

"선생님, 다음 주 되면 바빠지시죠? 우리 한번 만나야 할 것 같습니다. 또 다른 기적을 만들기 위해서요. 언제 시간이 되는지 알려주세요."

시간이 여의찮아 금방 날짜를 잡지 못하고 다시 연락하기로 했다. 걸어오면서 생각했다. 겐지 선생은 자신의 책을 내고 싶어도 좋은 출판사를 찾지 못해 고생했다. 결국 코겐사 라는 출판사를 만나 『주문이 많은 요리점』을 자비로 출간했다. 여러 곳에서 거절당하고 겨우 찾아낸 곳에서 출간한 것은 그만큼 간절했기 때문일 것이다. 제국으로서 힘을 내는 일본을 향해 평화를 권한 것은 국가 차원으로 보자면 탐탁지 않은 일이다. 작품을 통해 전쟁을 그만두어야 한다는 것을 말하고 있다. 겐지 선생의 글이 그 시대에 감동을 주었을 리 없다. 외롭고 힘든 싸움을 그는 가만히 혼자서 시작한 것이다. 지금은 그의 책이 찬란하게 빛난다. 강대국이 약소국을 어떻게 흡입하려고 하는지 알 수 있도록 최고급의 비유를 통해서 전개되는 동화책이다. 처음 이 책을 읽고 얼마나 놀랐던가. 도대체 왜 이런 동화를 썼을까?

이 동화의 뜻은 무엇일까? 이런 동화가 어떻게 지금까지 살아남아 우리 아이들에게도 읽힐까? 기괴스럽고 잔인한 동화를 왜 사람들은 이토록 칭송하는 것일까. 여러 의문이 물밀듯 몰아쳐왔던 기억이 있다. 시간이 점점 지나갈수록 작가의 의도를 분명히 알 수 있었지만 처음 동화를 읽던 충격이 아직도 기억난다.

어쨌든 나는 빨강머리앤 출판사 대표님과 서로 마음을 나누며 이 세상의 아름다움을 위해 우리가 할 수 있는 일은 해보자고 의기투합했다. 그리고 우리는 정말 아슬아슬하게 힘든 일을 같이했고 몇 번이고 이룰 수 없을 거로 생각했던 일을 기적처럼 해 냈다. 그것이 책으로 나왔고 우리는 힘이 났다. 내게 원고가 있다면 언제나 그것을 잘 버무려 멋진 밥상을 차려 내주는 출판사 대표님이다. 그런 면에서 나는 겐지 선생보다 훨씬 행복한 사람이다. 내가 쓰는 글은 당대에 빛을 볼 수 없을 가능성이 높다. 문학을 한가지 갈래만 고집하지 않고 여러 가지로 융합하여 글을 쓰기 때문에 내 글의 정체성을 쉽게 파악할 수 없다. 몇 군데 출판사와 일을 해본 결과, 보수적인 출판사는 내 글의 애매모호한 갈래성에 대해 불편함을 드러냈다. 나는 한 가지 스타일로만 글을 쓰지 않는다. 산문을 쓰는가 하면 운문을 쓴다. 산문집에다가 운문을 쓰기도 하고 운문을 산문처럼 구성하기도 한다. 수필을 쓸 때 소설처럼 쓰기도 하고 가끔 단막극을 쓰기도 한다. 동시를 쓸 때도 동화의 기법을 결합해 동화시를 쓰기도 한다. 글의 주제에 따라서 필요한 어법을 모두 동원하기 때문에 다 써놓고 보면 이것이 동화인지, 동시인지, 수필인지, 소설인지, 희곡인지, 시인지 구별이 안 될 때가 많다. 하지만, 이 세상의 모든 것은 확실하게 구분되어 있지 않다. 그래서 필요적절한 어법을 쓰는 것이 최선이다. 이런 내 특성을 이해하기 어렵다고 생각하는 사람들이 많을수록 나 같은 사람들이 책을 출간하기는 어려워진다. 그래서 생전에 책을 여러 권 내는 것은 어렵다고 생각하고 원고만 열심히 써 두려고 했다. 그랬던 것인데 우리 출판사 대표께서 내 글을 읽고서 나름의 멋진 요리법을 개발했다. 그에 따라 내 글은 세상에 둘도 없는 맛을 지닌 요리로 세상에 출시됐다. 사람들은 한 번도 먹어본 적이 없는 음식을 먹으며 신기해했다. 그리고 신선한 발상을 놀라워한다. 작가가 글을 아무리 잘 써도 출판사가 책을 잘 만들어내지 않으면 작가의 정신을 세상에 전하기 어렵다. 작가의 정신은 동서고금을 막론하고 책으로 전하는 것이다. 나는 겐지 선생보다 더 운이 좋은 사람이라는 것에 자긍심을 가지고 있는 터에 마침 겐지 선생의 발자취를 따라 걸어갈 때 출판사 대표로부터 연락이 오다니, 이 무슨 즐거운 운명인가. 그것도 또다시 기적을 만들자고 하니 흥에 겨운 새로운 일이 우리에게 펼쳐질 것 같다는 생각에 가슴이 뛴다. 함께 힘을 모아 누군가의 행복을 위한 일을 한다는 것은 얼마나 가치 있는 일인가. 겐지 선생도 바로 그런 행복을 추구하지 않았는가. 그런 의미에서 우리는 아름다운 무늬를 지닌 사람들일 것이다.

  광원사가 있는 거리에 들어서자 '재목정材木町'이라는 이정표가 있다. 얼마 가지 않아서 겐지 선생의 석조 형상물을 발견했다. 널찍한 바위에 양복을 입고 앉아 있다. 모자는 벗어서 옆에 내려놓고 왼쪽 다리를 오른쪽 다리에 포개 얹어 놓고 앞쪽을 바라보고 있다. 사람들이 그 옆에 앉아서 사진 찍은 흔적이 있기에 나도 그 옆으로 가서 앉아 보았다. 옆으로 본 겐지 선생은 무척 부끄러워하고 있다. 사람들이 좀 더 풍요롭게 살기를 원하고, 농부들의 정신적 재산을 채워주기 위해 여러 방면으로 발로 뛰었던 사람, 미야자와 겐지. 그를 이렇게 옆에서 바라보니 부끄러움 많은 한 젊은이라는 생각이 들었다. 이렇게 가까이에 겐지 선생이 있다면 정말 그는 내 눈길을 피할 것이다. 나는 매사에 당당하고 직선적인 편이라 조심스러운 그에게는 조금 감당하기 힘든 사람으로 여겨질지도 모르겠다. 하지만 본질을 향해가고자 하고 옳은 일을 밀고 나가려 하는 고집도 있으니, 그분이 나를 싫어할 리도 없다고 생각한다. 함께 했을 때 서로 기운이 화합될 수 있는 사람들일 거라는 확신도 가질 거로 생각한다. 처음으로 겐지 선생과 나란히 앉아 눈을 맞춘 시간이었고 가슴에 오래 담아 놓을 추억의 순간이 될 것이다.

이하토브 에비뉴, 『주문이 많은 요리점』
발행처 광원사 앞에서 겐지 선생과 함께

## 7. 주문이 많은 요리점의 탄생지

　유명 작가들의 생가는 중요하다. 그래서인지 작가들의 생가는 늘 보존하려고 한다. 그런데 미야자와 겐지의 경우는 태어난 집을 공적으로 관리하지 못하고 있다. 지금 사유지가 되어 있어 그 집을 관광객들이 들어가 볼 수가 없다. 그를 기리려는 사람들을 위해 생가를 복원하는 쪽이 좋을 거로 생각하지만 미야자와 집안의 친척뻘 된다는 분들은 겐지 선생의 생가를 내놓으려 하지 않는다. 그래서 태어난 집을 뻔히 눈에 보고도 그 땅에 발을 들이지 못한다.

　겐지 선생의 경우는 그 유명한 동화『주문이 많은 요리점』의 탄생지도 중요하다. 이 동화는 반전反戰 메시지를 담고 있어서 시대의 일본 정신을 거스르는 강한 메시지를 담고 있어서 누구도 이 동화를 출간할 용기가 없었을 것이다. 그러나, '광원사'라는 출판사는 그의 동화를 출간해 준다. 그래서 오늘날 이 출판사의 터는 유명한 곳이 되었다. 겐지 선생은 가고 없지만, 그들이 겐지 선생의 책을 출간해 주었다는 그 이유만으로도 기득권이 형성된 듯하다. 건물 들어가는 입구에서부터 내다보이는 작은 건물이 있고 그 건물에는 겐지 선생의 동화 출간에 이르는 사연이 전시되어 있다. 그의 육필 원고도 많이 소개해 놓고 있는데 이 건물 안에서는 촬영이 금지되어 있다. 그리고 좀 더 뒤쪽으로 가면 겐지 선생의 얼굴을 새긴 큰 바위가 있고 그 옆으로 길쭉하게 솟은 표지석이 있다. 이곳이 겐지 선생의 작품을 출간한 것을 알리는 내용이 흘림체로 쓰여 있다.

　그의 기운이 서린 땅에 좀 더 머물고 싶었다. 주변에 앉을 곳도 쉴 곳도 없었기에 그저 왔다 갔다 하며 사진만 찍을 수 있을 뿐이다. 그를 찾아 멀리서 비행기 타고 날아온 나 같은 사람들에게는 쉴 곳도 마련되어 있지 않아서 섭섭하기만 하다. 워낙 겐지 선생의 흔적이 많은 곳이라 특별히 관광객을 배려하지는 않은 것 같기는 하다. 모리오카뿐만 아니라 하나마키에도 가는 곳마다 그의 흔적이 남아있다. 하지만 그 주변에서 잘 쉬어갈 수 있는 자리를 찾기는 어렵다. 그저 지나가다 서서 잠시 읽고 지나갈 정도일 뿐이다.

나는 '미루나무숲에서 문학연구소' 작은 현수막을 꺼내서 기념 촬영하고는 표지석 바로 맞은편에 있는 '가부관可否館'이라는 찻집에 들어가기로 했다. 찻집은 오후 5시까지만 운영하고 있었는데 내가 갔을 때 이미 찻집은 만석이라 줄을 서서 기다려야 했다. 이 먼 곳까지 왔는데 그의 표지석 옆에서 시라도 몇 수 쓰고 가야겠다 싶어서 기다렸다가 찻집에 들어갔다. 무슨 이유에선지 이곳에서도 촬영을 금지하고 있었다. 촬영한들 무슨 피해가 올 것도 아닌데 구태여 촬영을 못 하게 하는 것이 불편하다. 나는 따뜻한 우유 차를 시켰다. 날씨가 추워 몸이 떨려 온 것도 있었지만 내심으로는 『은하철도의 밤』 앞부분에 조반니가 엄마를 위해 배달되지 않은 우유를 찾으러 가는 장면이 떠올랐기 때문이었다. 한국에서였다면 우유를 시킬 리 만무하다. 나는 우유를 그다지 좋아하지 않는다. 따뜻한 우유 차를 마시면서 오늘 하루의 일을 돌이켜 보며 시조를 써 나갔다. 운율이 맞는 시조를 써야 해서 글자를 맞추는 일에 신경을 써야 한다. 정형시들의 특징이 그렇다. 운을 맞추는 일이 까다롭다. 하지만 다 써 놓고 보면 율격이 느껴져 음악 같다. 정형시의 매력이 그렇다. 겐지 선생도 어릴 때부터 단가를 즐겨 썼다. 그러면서 다쿠보쿠 선생의 단가를 읽으며 많은 연습을 했을 것이다. 단가를 잘 써서 선생님들께 칭찬도 받는 학생이었다. 여기서 내가 한국의 시조를 쓰고 있는 모습 보면서 내심으로는 흐뭇해하지 않으실까. 또, 내가 단가와 하이쿠 집필 연습하고 있다는 사실도 알고 있을 것이며 그래서 나의 존재를 더 귀히 여길 것으로 생각한다.

찻집에서 한참을 머물렀는데 곧 영업 종료한다고 한다. 찻집에는 여러 팀이 왔다가 가기를 반복하는데 자세히 보니 찻값은 개인별로 계산해서 한 사람이 모아서 낸다. 한국처럼 대체로 한 사람이 한꺼번에 계산하는 문화는 아니다. 거의 모든 팀이 개인 지급하고 나간다. 나도 나가야 할 것 같아서 짐을 챙기고 우윳값을 내고 나왔다. 그리 비싼 가격은 아니지만, 우유 한 잔을 찻집에서 500엔이나 주고 마신다니, 편의점 가서 우유를 사면 150엔이면 충분한데. 추운 곳에서 잠시 쉰 대가가 350엔인 셈인가. 찻집에서 나와 20보쯤 거리에 있는 겐지 선생의 기념 돌을 바라보며 눈으로 인사를 하고 나온다.


## 8. 모리오카를 뒤로하고

해가 지려고 하니 기온이 더 내려간다. 이제 광원사에서 나와 모리오카에서 가장 아름다운 이와테 산을 볼 수 있는 다리 쪽으로 향한다. 날 좋은 날에는 이 다리에서 근엄하고 멋진 이와테

산이 보인다고 한다. 오늘같이 흐리고 추운 날 과연 이와테 산은 모습을 보여 줄 것인지…. 지난해 후지산을 찾았던 때가 생각난다. 후지산은 거의 모습을 감추고 있었고 어느 한때 잠시 모습을 드러냈다가 다시 장막 뒤로 사라졌다. 나타났다가 사라지기를 수십 번도 반복하는 후지산은 그렇게 사람들의 애를 달구었다. 자연의 신비를 몸으로 겪을 수 있는 가장 강렬한 인상을 준 그녀, 후지산이었다.

다리 표지석에는 '아사히바시旭橋'라고 표기되어 있다. 다리를 걸어가다가 이와테 산이 보인다는 쪽을 바라보니 구름이 가득하다. 아직 해는 지지 않았지만, 한쪽 구름이 먹빛인 데 반해 한쪽은 주황빛을 품고 있어 노을의 시간임이 틀림없었다. 다리 한가운데 서서 먹구름 사이를 가만히 바라보니 이와테 산의 실루엣이 보인다. 검고 작은 능선이 뒤로 하얀 골짜기 같은 것이 보였다. 능선이 뒤로 크나큰 곰 같은 묵직한 산이 버티고 서 있었다. 산꼭대기에서부터 아래쪽으로 흰 눈이 가득 쌓여 있다. 저 영험 가득한 산을 이와테 사람들은 얼마나 사랑하고 있는가. 어디를 가더라도 이와테 산의 능선이 자신들을 감싸고 있음을 사람들은 알고 있을 터이다. 이와테 산에는 수많은 생명이 살고 있을 것이다. 그 가운데서 벌어지는 동·식물들의 이야기를 겐지 선생은 놓치지 않았다. 백 년 전이나 지금이나 변함없는 이와테 산의 자태는 자연의 법칙을 준엄하게 전해주고 있다.

다리 중간에는 다쿠보쿠의 단가가 걸려있다. 이와테 산의 모습을 먹그림으로 그린 후 그의 단가가 정성스럽게 쓰여 있다.

ふるさとの山
に向いて
言うこと
なし
ふるさとやは
ありがたきかな

― だくぼく

　유명한 다쿠보쿠의 단가이다. 이와테 산이 바로 보이는 다리의 중간에 이런 단가를 붙여 놓는 마음이 모리오카이다. 고향을 사랑하는 시인과 고향을 사랑했던 시인을 더 사랑하는 사람들의 마음. 그래서 모리오카는 다쿠보쿠를 잊지 않는다.
　바람이 더 차가워져 손가락이 얼얼하다. 이제 강 건너편으로 걸어가면서 모리오카 역으로 가야 한다. 그 중간에 다쿠보쿠의 시비가 또 하나 있다고 하니 그곳도 찾아봐야겠다. 5분가량 걸었을까? 눈이 얼음이 되어 한가득 쌓여 있는 잔디밭 위에 비석이 하나 있길래 가까이 가보니 역시 다쿠보쿠의 시비가 있다. 추운 날씨라 오래 머물지 못하고 사진을 찍고 모리오카 역을 향한다. 너무 어두워지면 안 될 텐데. 왜냐하면 모리오카 역에도 다쿠보쿠의 시비가 있다고 하니 그것까지는 찾아봐야 할 것이다.
　어두워지니 기온이 더 떨어져 역 앞을 지나가는 사람들은 다들 걸음이 빨라지고 옷을 여미고 있다. 아침에 다쿠보쿠·겐지 청춘관에 가느라고 내렸던 모리오카 역에 저녁 무렵에 다시 돌아왔다. 그런데 빈 가지가 늘어져 있는 벚나무 아래 큰 비석이 있었다. 혹시 그곳에 시가 적혀 있지 않겠나 하고 다시 가서 보니 앞에서 소개한 다리 한가운데 적혀 있던 그 다쿠보쿠의 단가가 새겨져 있었다. 크나큰 바위에 그의 시는 아름다운 흘림체로 새겨져 있다. 봄철, 벚꽃이 만발할 때면 이 시가 더욱더 빛날 것이 분명했다. 축 늘어진 아름다운 벚꽃 사이에서 눈부시게 빛날 다쿠보쿠의 고향 사랑이 녹아난 시를 읽으며 모리오카 사람들은 또 얼마나 행복할 것인가.

모리오카 역으로 들어가려고 하는데, 눈에 띄는 것이 있었다. 'JR 모리오카 역'이라는 큰 푯말 아래에 크나큰 글씨로 '모리오카, 다쿠보쿠'라는 푯말이 보이는 것이 아닌가. 다쿠보쿠의 존재는 어디를 가더라도 빛날 수밖에 없다. 이 역에 내리는 사람들은 단가 시인 이시카와 다쿠보쿠를 만나지 않을 수 없게 되어 있는 것이다.

어둠이 깔린 역을 뒤로 하고 플랫폼으로 향할 때 우리는 시의 힘으로 사는 것이 틀림없다고 확신한다. 그 수 많은 역사와 문화 중에 문학을 통해 상상할 때 가장 아름답다고 확신한다. 우리의 가슴에 시심이 살아있기에 어디를 가더라도 시구 하나로 가슴 울렁이는 것이 아닌가. 어디 일본만 그러한가. 윤동주의 '서시'를 읽고 가슴 저미지 않은 한국인이 있을까. 박목월의 '나그네'를 읽고 마음이 자유로워짐을 느끼지 않을 한국인이 있을까. 이육사의 '광야'를 읽고 뜨거운 조국애를 느끼지 않을 한국인이 과연 있을까…. 시는 주름치마처럼 많은 면적을 압축해서 면적을 좁혔지만 결국 모든 것을 말한다. 자유시이건 정형시이건 상관없이 우리 인간의 마음을 헤집고 들어와 가슴을 활활 불타오르게 하는 것은 이렇게 우리들의 시심詩心이다.

모리오카역으로 들어가 하나마키로 돌아가기 전 저녁이라도 먹을까 하여 쇼핑센터를 돌아보다가 서점을 발견했다. 잠시 들어가 보기로 했지만, 한국에서는 보기 힘든 특별한 서점의 풍경에 매료되어 한참 동안 서성였다. 서점에서는 아직도 겐지 선생과 다쿠보쿠 선생의 책이 쏟아져 나오고 있었다. 나는 이와테일보사에서 발간한 다쿠보쿠와 겐지 선생의 일생을 그린 만화책 두 권을 구매했다. 빽빽한 일본어 원본은 읽는 데 시간이 너무 걸릴 것 같아서 잘 정리된 만화책을 보는 것이 이해를 돕는 데 좋을 것이라 생각했다. 생각지도 않게 책을 사들이게 되어 흐뭇한 마음으로 두 권의 책을 품에 안고 돌아가게 됨을 기뻐하며 하나마키로 향하는 시간을 살펴보았다. 저녁을 먹지 않아서 도시락을 사려니 모두 품절 되었다. 그러면 하나마키 역 옆에 있는 편의점에서 도시락을 사지 싶어서 그냥 하나마키로 향한 기차를 탔다.

 그렇게 40분 동안 기차 타고 오면서 추워서 경직된 몸이 따뜻한 기온으로 풀려가는 동안 꼬박꼬박 졸면서 왔다. 기차 안에서 조는 것도 여행 중 하나의 즐거움이리라.
 플랫폼에서 나가지 않고 하루의 일을 돌아보며 동영상 촬영했다. 오늘 있었던 모리오카 여행도 무척 행복하고 즐거웠다고 말하는 내 모습이 무척 밝았다. 어둠 속에서 여전히 쇠나무는 자라고 있었고 쇠 나뭇잎은 바람에 몸을 싣고 돌고 있었다. 어둠이 가득 찬 하나마키 역 광장을 지나올 때 벅찬 행복으로 가슴 부풀어 오르고 있었다.

**3일차_ 2025. 2. 25.(화)**

## 9. 복수초를 만나

 오늘은 겐지 선생을 독대하는 날이다. 늘 그랬지만 그분과 단둘이 만나는 일은 가슴 벅차다. 작년 이맘때 처음으로 찾아뵙고 여름에 다시 한번, 그리고 이번에 세 번째다. 이곳에 올 때마다 찾아보게 되면 나중에는 수를 헤아리기 어려울 듯하다.

 겐지 선생 묘소 가는 길, 걸어서 가는 것도 좋지만 이번에는 버스를 타고 가보기로 했다. 그러면 도보 길보다 더 많은 하나마키를 돌아볼 수 있을 것이다. 아침을 먹고 나오니 조사했던 버스 시간을 지나버렸다. 다시 걸어가야 하나, 택시를 타고 가야 하나 고민하고 있다가 눈에 띈 건 관광안내소였다. 2019년도 처음으로 하나마키에 왔을 때 이기리스 해안으로 가는 차편을 묻기 위해 들렀던 곳인데 그 이후론 한 번도 들어가지 않았다. 안내받아야 하는 사람에게 도움을 주는 곳이니 이번에는 들어가 보자.

 들어가서 '신조지' 가는 길을 물으니, 발음이 이상했던지 알아듣지를 못해 '미야자와 겐지 선생이 있는 절'이라고 말하니 금방 알아듣는다. 그러더니 시각표 몇 개를 가져와 보여 주면서 10시 14분에 그 근처 가는 버스가 온다고 알려준다. 우리가 알기로는 10시 3분 차이고 방금 지나가 버렸다고 하니까 그 차 말

고 또 가는 차가 있고 10시 14분에 출발이라고 한다. 조사할 때 나오지 않았던 시간인데 현장에 와보니 확실히 정확한 정보를 만날 수 있다. 안내소 안에는 여러 가지 포스터나 행사 알림판 같은 것을 붙여 놓았다. 은하철도 사진도 당연히 붙여 놓았다. 검은 증기가 나오는 기차 사진을 보니 저런 기차를 탈 때도 있었구나 싶은 생각과 더불어 환경에 좋지 않은 연기를 뿜으며 달렸구나. 세월이 흘러감에 따라 살아가는 사람들의 안목은 달라진다. 그런 것들이 모여 시대적 가치관이 되는 것이다. 요즘 같은 때는 탄소중립에 관한 실천 운동을 시민들이 모두 함께해야 하기에 환경오염에 관해 관심이 많다. 나도 마찬가지여서 한때는 자전거를 14만 킬로미터를 타고 달린 적이 있었다. 지금은 그때만큼 타지 못하지만 되도록 자전거를 타고 생활했으면 좋겠다고 생각한다.

우리가 한국에서 왔다고 하니까 무척 반가워하시며 한국 드라마를 보고 있다고 하신다. 한국 드라마가 재미있다고 하며 한국에도 가보고 싶다고 하신다. 방송국에서 한국 드라마를 틀어 주는지 물어보니 그렇다고 하면서 하나마키에서도 한국 드라마 인기가 좋다고 하신다. 그 덕분에 한국어도 조금씩 배우고 있다고 하신다. 잠시 기다려 보라고 하고는 서랍에서 종이를 한 장 꺼내주신다. '하나마키 여행도감, 미야자와 겐지의 고향을 걸어보자'라는 한국어로 된 안내장이다. '온천을 좋아하는 당신에게 드리는 하나마키의 온천 상세 가이드', '일본 삼대 도지의 고향에서 일본 술에 취하다', '일본산 와인의 대표작을 맛보고 싶다', '여행의 묘미, 하나마키 맛집 탐방' 등의 재미난 문구들이 적혀 있었다. 감사 인사드리고 밖으로 나가려는데 2번 정류장에 가라고 위치까지 상세히 알려주신다. 이야기하는 사이 시간이 흘러 곧 버스가 도착할 듯하다.

먹구름이 깔린 바람의 숲 하늘 위로 또다시 여러 팀의 철새들이 대열을 잘 만들어 넓게 펼쳐져 날아간다. 이렇게 다들 고향으로 돌아간다. 나는 마음의 고향에 와서 이렇게 행복한 시간을 보내다가 곧 다시 몸의 고향으로 돌아가겠지. 어딘가 갈 데가 있는 사람은 행복한 사람이다. 나그네들도 결국 어느 순간 고향을 갖게 된다. 한 곳에 정주하면 그곳이 고향이라고들 하지만 몸과 마음의 고향은 엄연히 다른 것 같다.

버스가 온다. 이 버스는 100엔만 주고 탈 수 있다. 귀엽게 그려진 동물과 나무와 집이 그려진 버스가 저만치에서 온다. 올라타서 돈을 내려 하니까 나중에 내릴 때 내라고 한다. 아! 참, 여기는 차비를 내릴 때 내지. 한국과 다른 방식이라는 걸 알고 있으면서도 무의식중에 차비를 꺼내 들고 있었구나. 오랜 습성이 몸에 배니 금방 바꾸기가 어렵다. 습習이라는 게 그래서 무섭다. 이것이 모이고 모여서 자신의 업보를 쌓는 거라고 한다. 업보는 '습의 총체'로 이해하면 된다. 처음부터 업이 쌓이는 것이 아니고 자신이 하는 일과 말이 축적되면 저절로 업이 된다. 이것이 오래 쌓이면 무겁거나 가벼운 존재가 결정된다. 그곳에서 자유롭지 못하다면 우리의 업장이 두터운 것이며 그것을 타파하기 위해 수련해야 한다. 수련이란 특별한 것이 아니다. 한 순간의 생각, 되돌림, 그리고 반성과 새로운 실천 등을 통해 새로운 방향을 잡아갈 수 있다.

버스가 역 광장을 한 바퀴 빙 돌고 있다. 철새가 날아간 북쪽은 먹구름이 잔뜩 끼었지만, 그 반대쪽은 하늘이 맑다. 파란 하늘에 하얀 구름이 떠 있어 그림을 한 장 보는 것 같다. 골목을 돌아 돌아가는 이 순간이 즐겁다. 버스를 타고 가다 보니 시청도 볼 수 있고 종합병원도 볼 수 있다. 은행, 세탁소 등 동네 모든 가게를 살펴볼 수 있어서 좋다. 우리는 이 버스 여행이 즐거워서 두 손을 들고 셀카를 찍기도 했다. 15분 정도 버스를 타고 가다가 '석신정石神町'이라는 정류장에 내렸다. 주위를 돌아보니 큰 건물은 없고 한쪽은 강으로 가는 쪽인지 건물이 없는 언덕배기다. 여기서 신조지까지 걸어서 찾아가야 할 것 같다. 구글 지도를 열어서 도보 버전으로 출발한다. 가리키는 방향으로 가보지만 방향이 맞는지 모르겠다. 한 번씩 방향이 헷갈릴 때가 있는데 나침반이 없어서 확인이 어렵다. 한쪽에 검은 구름이 낮게 깔린 것을 보니 북쪽인가 보다. 그런데 또 한쪽에는 파란 하늘에 솜사탕 같은 구름이 떠 있다. 두 개의 날씨가 눈앞에 펼쳐져 있어 신기하다고 생각하며 길을 걸어간다. 조금 걷다 보니 왼편에 우유공장이 있다. 구글 지도를 보니 신조지 가는 길 옆에 우유공장이 있다. 방향이 맞는가 보다. 확신을 얻어 발걸음을 재촉했다. 도로로 나오기 전에 저 먼발치에 큰 벚꽃 가지가 늘어져 있다. 꽃잎은 없지만 축 늘어진 가지의 모양을 보고 어쩌면 저기가 신조지 아닐까 생각해본다. 곧 도로가 하나 나오고 곧이어 이정표를 발견했는데 도로를 건너면 신조지가 나오고 문화회관, 그리고 은사시나무 공원이 나온다고 쓰여있다. 이쪽이 맞는구나. 반가운 마음에 건널목으로 한달음에 달려가 길을 건넌다. 이제 오르막을 조금만 올라가면 바로 왼편에 신조지가 있다.

하늘이 투명하게 파랗다. 구름은 여름날 시부타미에서 보았던 그것처럼 하얗다. 오늘은 유독 하늘을 보게 된다. 철새들의 이동에서부터 계속 눈길을 끄는 파란 하늘. 하늘은 보석처럼 빛나기 때문이다.

신조지 입구를 5미터쯤 남겨두고 나는 걸음을 멈추었다. 신조지 입구 쪽 언덕배기에 노란 꽃들 때문이었다. 걸음을 멈추고 노랑꽃들을 살펴보는데 아무리 보아도 복수초 같다. 지금 이 계절에 피는 꽃, 하얀 눈 사이에도 의연하게 피어있는 꽃, 봄이 올 소식을 미리 알려주는 꽃, 꽃잎의 노란 투명함이 신비롭고 꽃잎 속 모양이 아기자기하여 감탄하게 되는 꽃…. 그러나 확신할 수 없는 것은 내가 한 번도 복수초를 맨눈으로 보지 못했기 때문이다. 그러나 여러 정황을 봤을 때 분명히 복수초라는 확신을 한다. 그냥 들어가기 아쉽다. 대구에서는 보기가 너무 어려운 꽃이라서 이들과 잠시 이야기라도 나누어야 하지 않을까 싶다. 주변을 둘러보니 인적이 없어서 시멘트로 만들어 놓은 난관 위로 올라가 복수초 사진이라도 찍어야겠다. 먼저, 전봇대 옆에 붙는다. 그 옆으로 나 있는 시멘트 홈에 발을 끼운다. 힘을 주고 위로 튀어 오른다. 생각만큼 멋지게 올라가지는 않았지만 어쨌든 엉거주춤하면서 올라갔다. 땅에서 2미터 정도 되는 높이였기 때문에 한 번에 쉽게 올라가기는 어려웠고 그만하면 성공적으로 올라간 것이다. 가까이 가서 살펴보니 내가 알고 있던 바로 그 복수초가 틀림없다. 이런 신성의 선물을 받다니! 이 찬란한 사랑을 받다니! 이런 인연이 어디 있겠나, 만일 걸어서 왔더라면 발견하지 못했을 곳에, 100엔 버스를 타고 왔기에 만날 수 있었던 이 인연! 작년 이맘때도 겐지 선생 묘소에 왔지만, 이 언덕까지는 내려다보지 못했다. 그때도 분명 자리하고 있었을 텐데 그냥 지나왔다. 이번엔 꽃다발을 받은 듯 그 언덕 자체가 선물이었다. '복수초의 선물', '복수초의 인연'…. 이런 말이 떠올랐다. 이번 기행문의 제목으로 복수초를 써야겠다는 생각이 분명해진다.

꽃 한 송이들이 너무 귀하다. 비스듬한 언덕에 몸을 바짝 숙이고 사진을 찍었다. 꽃잎 한 장들이 요정 같다. 어느 나라에서 날아온 요정들이 오늘 이렇게 내 품에 안겼을까. 언젠가 겐지 선생이 좋아할 만한 동화를 쓰려고 하는데 그 속에 복수초도 등장시켜 보리라 하고 열심히, 아주 집중해서 사진을 찍었다. 이 날의 감동을 기념하기 위해 언덕배기에 기우뚱하게 서서 동영상 촬영도 했다. 그것이야말로 세상에서 가장 좋은 선물 아니겠는가.

  한참을 언덕배기에 붙어서 있다 보니 시간이 어떻게 된 줄도 모르겠다. 동행인에게 물어보니 시간이 얼마 없다. 12시에 일본 지인을 만나기로 했는데 계속 언덕에 붙어서 있다가는 겐지 선생 묘지에 있을 시간이 부족하겠다 싶어 아쉬운 마음 달래고 언덕 아래로 기어 내려왔다. 검정 옷에 흙무더기가 묻었지만, 그것도 괜찮았다. 이건 비밀인데…. 복수초들이 피어있는 그 땅의 흙을 주먹으로 집어 비닐에 넣었다. 그리고 조금 있다가 이 흙에 묘지의 흙을 더 넣으려 한다. 그때 철새들의 소리가 온 하늘을 덮었다. 또다시 철새들의 무리가 고향으로 돌아가고 있다. 뭉클한 이 대장정을 축복한다!


## 10. 겐지 선생을 만나

  신조지 들어가는 입구에는 여전히 부엉이가 자리를 지키고 있다. 가지를 축 늘어뜨리고 있는 벚나무는 작년과 마찬가지로 모든 것을 놓고 가벼워져 있었다. 올봄을 준비하는 손길들이 얼마나 거룩한지 가슴 찡한 감동으로 한참 동안 그들을 바라보게 된다. 나무만큼도 오래 살지 못하는 우리 인간들의 삶이 어찌 그들보다 낫다고 할 수 있을까. 그들에 의지해 살아가는 우리 인간들의 문명이 어찌 그들을 지배한다고 할 수 있을까. 나무들은 인간에 연연하지 않는다. 서로 이웃하며 살아가기 때문에 조금씩 관계를 맺어간다는 것 말고는 우리가 나무들보다 위대하다고 말할 수 없다. 그 관계의 결과로 그들이 피우는 꽃을 보고 즐거워하고 행복해하고, 그들이 내주는 열매를 따서 먹으며 굶주린 배를 채우고 고마워하고…. 그런데도 인간은 나무들에게 무엇을 주는지를 잊은 채 끝없이 나무들에게 요구를 하는 것이다. 마치 인간들을 위해 태어난 것이 나무라는 듯이, 모든 것을 인간 중심으로 살아가야 한다는 듯이. 겐지 선생은 말한다. 모든 생명이 자유롭고 고귀하며 공평한 거라고. 하늘의 새도, 땅의 개미도, 심지어는 눈에 보이지 않는 숲속의 부엉이도 모두 귀한 생명을 지닌 채 자신의 숙명을 받아들이며 살아가는 거라고. 그렇지만 인간은 그 가운데서 가장 어리석은 존재라고. 그건 하늘의 메시지이기도 하다. 한 그루의 나무를 보고 기도할 줄 아는 마음을 가진 이가 많은 세상이 오기를 바라는 그 마음, 그래서 모두 행복하기를 바라는 그 마음을 지녀야 이 세상이 공평하고 아름답다는 것을 절절하게 느낄 수 있다.

벚나무 가지 사이를 걸어오는 시간이 백만 광년은 되는 듯하다. 겐지 선생을 모시고 있는 이 나무들은 입구에서부터 철학적인 사고를 끌어준다. 고작 몇 발짝 걸었을 뿐인데 빈 가지의 나무가 이렇게 사람을 묵직하게 밀어준다는 것이 신기하기만 하다.

절의 왼편으로 돌아 오른편으로 들어가니 마당에 하얀 눈이 많이도 쌓였다. 절 지붕과 마당에 쌓인 눈만으로도 겨울의 절정에 이른 것을 알 수 있다. 이제 곧 겨울의 유리창이 깨지고 그 창가에 파르스름한 싹이 돋아날 것이다. 봄을 예찬하는 사람들의 노랫소리가 세상에 울려 퍼질 것이며 희망을 잃은 사람들은 봄으로부터 작은 희망을 발견할 것이다. 그렇기에 이 겨울의 끝이 찬란한 것이다. 흰 눈이 내려앉은 묘지에서 겐지 선생은 또 그런 봄을 기다리고 있을 것이다.

여전히 단아한 모습의 묘지. 그리고 그 곁을 지키고 있는 부엉이들. 반가움과 즐거움이 뒤섞여 경건한 마음보다는 들뜬 마음으로 묘지 앞에 서게 된다. 겐지 선생의 묘 앞에는 붉고 노랗고 하얀 꽃다발이 세워져 있다. 생각보다는 소박한 묘지. 꽃다발 외에 어떤 장식물도 없는 깨끗한 묘지에 설 때마다 늘 지금 이 자리에 최선을 다하는 사람만이 느낄 수 있는 행복이 중요하다는 걸 느낀다. 어떤 값비싼 물건을 가져다 놓더라도 의미가 없을 것이다. 그저 깨끗한 마음 한 자락 가져오는 것이 그에 대한 예의라는 걸 모르는 이 없을 것이기에 이 묘지가 이토록 깨끗한 것이리라. 향을 피웠다. 향이 하늘거리며 흔들렸다. 그의 유고 동화집 『은하철도의 밤』에 나오는 용담꽃이 그를 에워싸고 있지 않을까 하는 상상도 해본다. 정작 땅에서 피어나는 것만이 꽃이랴. 영혼 속에서 피어나는 꽃들은 은하철도를 지나는 들판 속에서 끝없이 펼쳐지며 이 세상에 사랑을 전할 수도 있는 것이다.

향 끝자락의 연기가 아직 머물 때 나는 묘지의 뒤편에 가서 작은 흙을 한 줌 쥐었다. 뒤편에 서 있는 측백나무에서 떨어진 측백의 작은 잎들이 흩어져 있는 흙은 부드러웠고 안온한 느낌이었다. 그 애들을 손으로 훑어 복수초가 피어있던 그 흙 위에 넣었다. 이렇게 나는 늘 죽은 자들과 떠나는 자들과 잠시 살아있는 자들의 결합을 이루고 싶은 것이다. 이것이 세계가 살아가는 방식이라는 것을 잊지 않기 위해서이다.

2024년 여름, 나는 홋카이도 하코다테에 들러 다쿠보쿠가 걸었다던 그 오도리해변의 모래들을 한 줌 쥐어 왔다. 그의 단가집 『한 줌의 모래』처럼 나도 한 줌의 모래를 쥐어 그의 정신을 내 곁에 두고 싶었다. 그 모래가 내 집필실에 있다. 가끔 시작詩作이 힘겹다고 느껴질 때마다 그의 고단함과 고통을 되돌아보고 싶었다. 문학은 돈을 벌기 위해 하는 것이 아니라는 걸 절감하며 다시 힘을 내어 보고 싶을 때 그의 가여운 생에 경의를 표하며 다시 단단해지고자 했다. 그렇게 6개월간 내 집필실을 지키고 있는 하코다테의 모래처럼 이곳의 흙도 다쿠보쿠의 흙처럼 내 곁에서 좋은 기운을 내어 줄 것이다. 그렇게라도 끝까지 힘차게 나아가보고 싶다.

흙을 손에 잡는 순간부터 겐지 선생과 말 없는 대화가 이어졌다.


"잘하고 있는 거지요, 선생님"
"물론이지요. 충분히."
"할 수 있는 만큼 최선을 다하지만, 세상에 도움이 되는 일을 하고 있는건 맞는지요 …."
"최선을 다하는 것에 충실하기가 어려운 거지요. 스스로 부끄럽지 않은 정도라면 충분합니다."
"그거라면 자신합니다. 최선을 다한 걸 자부합니다."
"그렇다면 아무런 문제가 없고 앞으로 더 나아갈 수 있습니다."
"이제는 더 큰 꿈 꾸어도 되겠습니까? 도와주시렵니까?"
"무엇을 도와주면 되겠습니까?"
"제가 아동문학가로 새로운 출발을 하게 된 것은 선생님 도움입니다. 지난 연말에 정말로 소중한 책을 세상에 냈습니다. 『해돌이의 방랑일지』인데요 종이책과 점자책, 오디오북까지 세 종류의 책이 출간되었습니다. 그 속에 나오는 해돌이가 자신만을 위한 삶을 살지 않는 다람쥐이고 우리 모두입니다."

"훌륭합니다. 멋진 해돌이의 방랑일지가 세상에 더 많이 읽힐 겁니다."

"이번엔 부탁드리고 싶은 건….".

"언제나 그렇듯 당당하게 말씀해 보십시오."

"제 작품이 세계화되는 것입니다. 먼저, 해돌이와 여러 아동 작품이 잘 번역되어 세계인들이 함께 읽게 되기를 바라고요. 두 번째로, 제가 쓰고 있는 민조시, 시조 등도 세계화되는 것입니다. 일본에는 하이쿠와 단가가 있고 한국에는 시조와 민조시가 있습니다. 저는 이 부분에도 깊은 애정을 품고 있습니다. 우리의 문학이 세계에도 널리 퍼졌으면 합니다. 이번 여행에서 단시조를 쓰고 시조집을 한 권 내려고 합니다. 이 시조집이 다른 나라에도 번역되어 읽혔으면 좋겠습니다."

"두 가지를 말씀하셨지만 하나의 이야기군요. 아동문학집과 시조집의 세계화. 맞습니까?"

"예. 도와주실 수 있는지요?"

"그럼요, 지금과 같은 정도로 애정을 가지고 집중한다면 반드시 이루어집니다. 그것이 자기 자신만을 위한 일이 아니라면요."

"당연합니다! 제가 글을 쓰는 이유는 선생님의 생각과 같습니다. 모두의 행복을 위해서 함께 나누어 가지는 아름다운 세상을 위해서입니다. 그래서 제가 쓰는 글이 사람들에게 읽힐 수 있도록 노력하는 일은 제 일생에 있어서 가장 의미 있는 일입니다."

"좋습니다! 약속합니다. 그렇게 되도록 도와드리겠습니다. 대신, 나도 부탁할 것이 있습니다."

"예, 말씀하십시오."

'저를 닮은 글을 써 주십시오. 제가 쓰다가 멈춘 글을 이어 써 주십시오.'

"닮은 글…. 멈춘 글…?"

"곧 그 뜻을 알게 될 것입니다. 아래 밭에 가면요."

"아래 밭…? 지금은 무슨 말인지 정리가 잘 안되지만, 분명히 말씀드릴 수 있는 것은 원하시는 그 이상으로, 얼마든 글을 쓸 수 있다는 것입니다. 약속 지키겠습니다. 설마 제가 할 수 없는 일은 아니겠지요?"

"하하, 그럼요. 충분히 할 수 있는 일입니다. 아니요, 꼭 당신이 해야 할 일입니다. 그럼, 약속한 겁니다?"

"예, 약속합니다."

우리는 다시 약속했다. 이번에는 조금 더 큰 규모로, 하지만 충분히 할 수 있는 만큼 해보자고 결의했다. 처음에는 나 혼자서 시작했지만, 지금은 겐지 선생이 더 적극적이라 생각한다. 그의 정신은 자유로우나 몸이 없기에 글을 더 이상 쓸 수는 없기 때문이다. 그 일을 대신해 줄 누군가가 많아야 한다. 그의 정신을 간직한 몸을 가진 그 누군가가 많다면 그의 정신을 더 멀리 퍼져가게 하는 것이다. 나도 그런 그의 마음을 알기에 내 몸을 이용해서 우리들의 이름다운 '미루나무숲에서 이하토브'

를 만들 수 있는 것이다. 언제까지나 우리들의 꿈은 끝없이 뻗어갈 것이다.

'미루나무숲에서 문학연구소' 현수막을 들고 기념 촬영한다. 동행한 문학가 선생님과 미야자와 겐지 선생과 그의 가족들 모두 함께 단체 사진을 찍은 것이다. 이 세상은 이렇게 인연이 된다. 이 묘지를 떠나면 더 큰 세상을 글로 쓸 준비를 시작해야 한다.

절 안으로 들어가 소원명패를 샀다. 지난해 여름에 소원명패를 사 와서 지인들의 소원을 적게 했는데 신기하게도 그 일이 그대로 이루어졌다. 그래서 이번에는 우리 '미루나무숲에서'의 어린이들의 소원을 명패에 쓰려고 한다. 아이들의 소원을 소원명패에 담아서 달아 놓으려 한다. 그러면 우리 아이들의 소원들도 더불어 이루어지게 되겠지.

스님께 인사하고 소원명패 주문했더니 금방 가지고 나오신다. 절 안에는 그전과 달리 문을 만들어 안으로 쉽게 들어가지 못하게 해 놓았다. 이번에는 대웅전 안에까지 들어갈 이유가 없다 싶어서 밖에 서서 안쪽을 보기만 하고 스님께 소원명패를 구매해 돌아 나왔다. 스님은 어디서 왔는지 물어보고 걸어서 왔는지 버스 타고 왔는지도 물어본다. 조심해서 먼 길 돌아가라고 해서 우리도 공손히 인사하고 나왔다. 가방에 소원명패를 열 개나 넣고 나오니 벌써 배가 부른 것 같다. 이것도 겐지 선생이 주는 또 다른 선물일 것이다. 귀국하여, 우리 아이들의 소원을 적어 두면 모두 다 서로의 소망을 위해 기도해 줄 거다. 나 자신만의 소원보다는 다른 누군가의 소원을 위해 기도하는 것이 훨씬 행복하다는 것을 아이들이 알았으면 좋겠다.


## 11. 축제장으로

 겐지 선생과 약속하고 기념 촬영하고 나오는 길음, 아이들에게 줄 소원명패를 가슴에 품고 나오는 걸음이 가볍기만 하다. 계단을 내려가려다가 갑자기 생각났다. 복수초! 그 애를 위에서 내려다보면 어떨까? 신조지 옆 언덕 아래서 위로 올려다보기는 했지만, 아래쪽으로 내려다보면 새로운 표정을 볼 수 있지 않을까 싶다. 내려가는 화단 옆으로 길이 없어서 농기구를 넣는 작은 창고 옆으로 몰래 들어간다. 혹시 스님이 나오셔서 꾸중하실까 싶지만, 부처님 손바닥이라고, 누가 알아도 알 일이다 싶지만 그래도 특수공작대원처럼 살그머니 다가가 본다. 둑 위에까지 넓게 펼쳐져 자라난 복수초! 초롱초롱한 눈망울로 바라다보는 너! 이토록 투명하고 순결한 몸으로 이 세상을 떠받치고 사는 너! 그만 너에게 반해 버렸어. 그 애들과 눈이 마주치고 난 다음 다리가 얼어붙었다. 움직이고 싶지 않은 마음이 몸을 그대로 묶어 두었다.
 '이제 가! 가야 해!'
 그 소리를 듣고서야 발걸음을 옮기니 복수초의 정령이 함께 해주는 것인가 싶어 얼떨떨한 마음으로 눈 쌓인 화단을 허리 숙여 걸으며 계단 쪽으로 내려온다.

 도보로 5분, 문화회관 앞쪽에 은사시나무 공원이 있다. 시간

맞춰 도착해서 겐지 시비 '고원'을 찾기 시작했다. 그때, 바로 옆 나무 뒤에서 숨어있는 형체가 보였다. 또, 이토일 것이다. 그는 늘 만날 때 장난을 친다. 어린아이처럼 웃으며 장난치기를 좋아한다. 점잖은 사람임이 틀림없지만 자유로운 영혼의 소유자, 어디를 가더라도 누구에게라도 말을 붙이는 적극적인 사람이다. 어쩌면 내향적인 사람이면서도 그러해야 할 때 외향적인 제스처를 취하는 것일지도 모른다. 그가 생각이 없는 사람이라고 판단했다면 나는 그의 도움을 이미 거절했을지도 모르니까.

그 생각을 하고 있는데 정말 그가 "까꿍!" 하고 나타났다. 우리는 또 활짝 웃으며 악수했다. 그리고 겐지 선생의 시비를 찾고 있다고 말했고 그는 곧바로 우리와 함께 시비 수색 작전에 들어갔다. 시의 내용을 정확하게 모르고 있다고 하더라도 시비에 적힌 글자가 히라가나 흘림체이다 보니 내용을 파악하기가 어렵다. 이토는 문화회관 앞으로 달려가 주차요원에게 뭔가를 물어본다. 두 사람이 이리저리 뛰는 동안 나는 공원 앞에서 겐지 선생이 이 길을 걸었을 당시를 상상하고 있었다. 두 남자가 땀 흘리며 시비를 찾으러 다니는 동안 나는 나만의 세계를 즐기는 것이다. 곧이어 두 사람이 와서 도저히 시비를 찾지 못 하겠다고 하고 이 과업을 그만두기 직전에 바로 우리가 서 있는 화단 앞 비석을 보더니, "찾았다!" 하는 소리에 눈을 돌렸다. 문화회관 입구에 훤하게 드러낸 그 비석이 바로 '고원'이라는 시비였다. 이토가 인터넷으로 검색해서 찾아낸 것이다. 우리가 조사해 온 자료에는 위치가 불분명했는데 현지에서 검색하니 더 정보가 빠르다. 확실히 그렇다.

이제 이토의 자동차에 올라 히나마쓰리 장소를 향해 달리기 시작했다. 버스로 가면 한 시간 정도의 거리인데 자동차를 타고 가다니, 이 얼마나 행운인가! 일가친척 하나 없는 이와테현 하나마키에서 이렇게 자동차를 태워줄 사람이 있다는 것은 얼마나 복된 일인가. 가는 내내 즐거움과 감격에 휩싸였다. 지인은 창밖 풍경을 보며 포도밭이라고 알려준다. 나중에 알고 보니 이 동네 포도가 유명해서 와인 축제를 한다고 한다. 한참을 달려 사람이 제법 모여있는 도롯가에 들어서니 마쓰리 안내문이 있다. 주차 관리 요원이 어디 가느냐고 묻고 마쓰리 행사장에 간다고 하니 주차 자리를 지정해 준다. 우리를 안내해 주는 이토도 히나마쓰리는 처음이라고 하며 신기해한다. 행사장 앞에는 먹을거리를 파는 상인들이 천막 속에 있었다. 생각보다는 규모가 크지 않은 것이 의외였다. 또, 마쓰리 행사장이 이런 작은 건물일 줄 몰랐다. 작은 것을 추구하는 그들이라 그런지 규모에 연연하지 않는 것 같다.

행사장에 들어가니 여러 군데 방에서 수많은 인형을 전시해 놓았다. 하나마키 인형에서부터 교토 인형까지 지방의 특색을 드러낸 인형들이 많았다. 많아도 너무 많아서 눈을 어디에다 두어야 할지 모르겠다. 인형들은 어찌나 작은지 그것들을 살펴보는 데만 해도 시간이 만만찮게 걸린다. 함께 온 이토는 행사장에 있는 사람들과 무슨 이야기를 그렇게나 하는지 묻고 답하고 웃으면서 손뼉을 치며 즐거운 한때를 보내고 있다. 우리는 이런 마쓰리가 처음인데 한국어로 이런 마쓰리 행사장을 소개해 줄 사람이 없어서 섭섭했다. 일본어로 적어놓은 간판에도 자세한 안내가 없었다. 그저 어린아이들이 잘되기를 기도하며 만들어 놓은 인형들이라는 그것밖에는 알 도리가 없었다. 다른 방으로 들어가 보니 인형 중에서 무사武士가 많다. 왜 이렇게 무사 인형이 많은가 물어보니 이토가 행사장에 있는 일본인들에게 묻고 서로 한참을 이야기하다가 이토가 내게 번역기로 설명해 주는데 번역기가 작동되지 않아 의사소통에 실패했다. 그러다 보니, 이 마쓰리의 본래 취지를 정확하게 이해하기가 어려워서 고개를 갸우뚱거리게 된다. 한참을 돌다 보니 차 마시는 곳이 있다 하여 들어가려 하니 거기도 500엔을 내야 한다고 한다. 들어가면 차를 준다고 한다. 들어가야 하나 말아야 하나 싶다가 이럴 때 아니면 또 언제 축제 담당자들과 이야기라도 나눌까 싶어 들어가 앉았다. 잠시 후, 벚꽃잎에 쌓인 찹쌀떡과 말차가 나왔다. 말차는 짙은 녹색인 만큼 맛이 강하고 좀 썼다. 우리가 한국에서 먹는 말차 라떼와는 성분이 다른 것 같다. 마시고 인상을 쓰고 있으니 축제 담당자가 맛이 나쁘냐고 물어본다. 그보다는 끝맛이 조금 쓰다고 했더니 어쩌면 차가 조금 진했을 수도 있다고 하며 물을 가져다준다. 그러면서 여러 가지 이야기를 나눈다. 한국에서 왔다고 하니 반가워하며 요사이 자신들도 한국 드라마를 본다고 한다. 가는 곳마다 한국 드라마 이야기를 하는 게 신기하다.


## 12. 겐지 문고에서 만난 사람들

마쓰리 행사장 바깥으로 나가면 '겐지 문고'라는 건물이 있다.

이곳은 겐지가 광석 채취를 위해 들렀던 조지봉산早池峰山·하야치네야마과 관련이 있다. 겐지 선생은 광물을 좋아해서 직접 돌 공장에 다니기도 했고 광석 탐사를 다니기도 했다. 이 조지봉산에 와서 돌 조사를 했다고 알려져 있는데 그때 광물 채취하는 광부들이 현재 '겐지 문고'를 운영하는 곳을 기숙사로 사용했다고 한다. 마쓰리 행사를 진행하는 장소는 아마 광부들의 놀이터 또는 쉼터쯤 되었을 것이다. 지금은 행사 때문에 인형들을 얹어 놓았지만, 그 옛날에는 이곳에서 식사도 하고 이야기 나누는 정담의 장소였을 것으로 추측하는 이들이 많다.

별 기대 없이 '겐지 문고' 건물에 들어서자 겐지 관련 자료들이 즐비하게 전시되어 있다. 모든 것이 겐지 관련 자료들이었다. 함께 갔던 이토는 그곳의 안내인과 여러 가지 이야기를 시작했고 우리는 이토의 수다가 또 시작되었구나 싶어서 아예 그 두 사람을 무시하고 보고 싶은 내용을 살펴보았다. 여성 스텝의 안내를 받다가 이토와 이야기가 계속 길어지는 것 같아서 2층으로 올라갔다. 그곳에는 겐지의 작품 『바람의 마타사부로』와 그 배경이 되는 광석에 대해 안내해 놓았다. 그렇지 않아도 그 작품에는 철광석 회사에 다니는 사부로 아버지 이야기가 나온다. 이 작품은 겐지 선생 사후에 책이 되어 나온 것으로 알려져 있고 이와테의 향토어가 잘 드러나는 작품이라고 한다. 한참을 꼼꼼하게 살펴보다가 옆문으로 들어가니 거기에 '겐지 문고'라는 이름의 안내판이 있었고 겐지의 모자와 망토, 그리고 겐지에 관한 거의 전부일듯한 책들이 한가득 전시되어 있었다. 아마 겐지 선생에 관한 책들이 많아서 '겐지 문고'라고 이름 지었지 않나 싶었다.

햇살이 교실에 비치고 흑판 앞에 서 있던 나는 장난기가 발동해서 어느새 들어와 계속 이야기를 나누고 있는 여성 스텝과 이토를 향해 큰 소리로 말했다.

"미나 상, 코코오 미테 구타사이! 미테! 미테!"

떠들고 있던 학생들처럼 두 남녀는 깜짝 놀라서 나를 쳐다보았다. 『은하철도의 밤』에 나오는 선생님처럼 나는 흑판 앞에 서서 흑판을 쾅쾅 치면서 계속 같은 말을 반복했다. 두 사람과 눈이 마주치자 웃음이 터져 나왔다. 그 바람에 그 방에 있던 우리 일행과 여성 스텝, 모두 4명이 한꺼번에 웃음보가 터졌다.

"와하하하!"

그보다 더 재밌는 것은 내가 칠판을 보라고 큰소리치자 두 남녀가,

"하이! 스미마생, 센세~"

하며 학생 흉내를 낸 것이다. 우리는 또다시 웃을 수밖에 없었다.

"하하하!"

햇살이 창문 너머에서 흑판으로 길게 뻗어 내리다가 우리들의 얼굴에 그대로 반사되었다. 모두 중년 또는 노년의 나이인데도 이 교실에서만은 어린이가 되었다. 이때, 여성 스텝이 내가 다가와 한국말을 한다. 깜짝 놀라 물어보니 한국에 있는 이화여자대학교에서 1년간 교환학생으로 있다가 왔다고 한다. 한국어 실력이 좋은 편이다 싶었더니 문장 구사도 잘한다. 다른 사람들은 단어밖에 모른다면 이 여성은 처음부터 끝까지 말을 만들 줄 안다. 그게 반가워서 서로 파이팅하고 웃다가 연락처

교환을 시작했다. 나는 일본에서 많이 쓰는 '라인'을 쓰고 있어서 금방 그들과 라인으로 대화할 수 있게 되었고 서로 메일주소를 주고받았다. 앞으로 그럴 일이 있으면 연락하자고 했다. 이름이 '사토미'라고 했다. 사토미는 다시 한국에 가고 싶다고 한다. 한국이 그리울 때가 있는데 이렇게 한국 사람을 봐서 기쁘다고 있는 그대로의 감정을 드러낸다. 한국에 살아봐서 그런지 조금은 한국다운 표현과 생각이라 편안한 느낌이었다.

우리는 내일 100년 전 겐지가 여행을 떠났던 루트로 여행을 갈 거라고 했다. 이와테 은하철도를 타고 하치노헤 역에 내려서 구지 역에 내려서 동해안을 돌다가 나중에 돌아올 때는 가마이시선을 탈 거라고 했더니 일본인 두 사람 모두 놀란다. 어떻게 그 코스를 갈 수가 있지? 라는 표정이었다. 그러면서 자기들끼리 코스를 검색하고 겐지 선생이 그 코스를 갔던 정보를 수집하고 있었다. 이 동네에선 무슨 말만 하면 토론을 시작하는데 그게 쉽게 끝나지 않는다. 도대체 일본인들은 이렇게나 토론을 좋아한 것일까? JR티켓을 살 때도 역무원과 승객들은 오랫동안 토론하는 듯하다. 이편으로 가는 것이 좋을까요? 저편이 낫지 않을까요? 예 그렇네요. 그럼 이렇게 가면 돌아올 때는 이렇겠네요. 하면서 뒷사람 연연하지 않고 기차표 결정하는데, 한 세월 걸린다. 그래서 급하게 차표가 필요한 사람은 그 토론을 견디기 어려울지도 모른다. 하지만, 이 토론은 늘 다람쥐 쳇바퀴 도는 식이다. 정말 중요한 방점을 찍지 않고 자신들의 생각을 이야기만 할 뿐 의견을 종합해서 빠른 시간 내로 결론을 내지 못한다. 결국엔 한 사람의 선택에 의한 결정만이 있을 뿐이다. 겐지의 100년 전 여행 루트에 대해서 여성 스텝과 이토가 토론을 벌인지 20분이 넘어갔다. 그럴 줄 알았다. 그리고 그들의 결론은 없었다. 그럴 줄 알았다.

'겐지 문고'라는 그 교실에서 얼마나 재미나게 놀았는지 시간 가는 줄도 몰랐는데 시간을 보니 슬슬 가봐야 할 것 같아서 모두 1층으로 내려가서 인사하고 나가려던 참이었다. 우리는 신발을 신고 나오고 이토는 좀 뒤이어 나오려는데 갑자기 어떤 사람이 이토를 보더니 반갑게 인사를 한다. 아는 사람이려니 했는데 갑자기 그분이 우리에게 와서 정말 한국인인가 하고 묻는다. 그렇다고 하니까 시간이 있느냐고 물어본다. 왜 그러는지 물어보니 누님이 있는데 한국어를 배우고 있고 한국인을 만나고 싶어 한다고 한다. 조금만 기다려 줄 수 있느냐고, 누님을 불러 소개해 주겠다고 한다. 나는 이토를 보면서 말했다. 이분이 우리를 태워주실 거라서 이분이 괜찮으면 우리도 괜찮다고 했더니 이토는 웃으면서 자기도 괜찮다고 한다.

갑자기 나타난 한 남자로부터 연락을 받은 한 여성이 곧이어 겐지 문고 1층 사무실로 뛰어 들어왔다. 도대체 무슨 일인가 했더니 이 육십 대 중반의 여성이 들어오더니 큰 소리로 한국말을 하기 시작했다. 차근차근 들어보니 자기소개를 하는 것이었다. 그리고 자신이 한국말을 배우고 있고 드라마를 너무 좋아한다고 했다. 결론은 이런 것이다. 한국말을 배우고 있는데 실제로 회화를 할 수 있는 한국인을 만나는 게 소원이라는 것이고 오늘 갑자기 나타난 우리가 한국 사람이라는 것을 알게 되어 남동생 되는 분이 누님에게 한국어 회화의 기회를 준 것이다. '복자'라고 쓰고 '후쿠코'라고 불린다는 여성은 이렇게 한국인을 만난 것이 꿈인지 생시인지 모르겠다며 흥분했다. 일본인들이 한국 드라마를 많이 본다는 이야기를 듣긴 했어도 이번에 처음으로 그것을 피부로 느낀다. 이런 시골 마을에 사는 사람들까지 한국 드라마를 보며 한국어를 배운다니 인터넷이 그것을 가능하게 해 주지 않았나 싶었다.

겐지 문고의 여직원 '사토미'와 한국어를 배우는 '후쿠코'와 인사를 나누고 돌아가는 길에 후코쿠의 남동생 되시는 분의 명함을 읽어보니 하나마키 시의원이시다. 참 신기하네, 어떻게 이토는 시의원을 알게 되었어요? 하고 물으니 절에서 만난 사이란다. 그렇게 만난 분을 이렇게 또 만날 수 있는 것이구나.

이토가 이제 하나마키로 가면 되나요? 하고 묻자 그렇다고 하자 한군데 가볼 곳이 있다고 한다. 그리 가도 되겠냐고 묻는다. 어딘지 모르겠지만 괜찮다고 했다. 이토 씨는 하나마키와 반대쪽으로 핸들을 틀었다.

## 13. 옛 발전소 터를 찾아서

이토는 한참을 달려가다가 어느 도로 옆 마을로 들어갔다. 우리가 가는 쪽이 그쪽일까 했더니 어느 집 앞에 정차하더니 잠시만 기다려 달라고 한다. 친구를 만나야 할 일이 있다는 것이다. 그런 부탁을 거절할 이유가 없지 않은가. 편하게 만나시라고 하니 잠시 차를 세워놓고 밖으로 나가더니 집의 문을 두드리니 곧 한 사람이 나왔다. 차 안에서 집 현관 밖의 모습을 모두 볼 수는 없었지만 한 사람과 여러 이야기를 나누는 듯하더니 곧 차 안으로 돌아왔다. 곧 다시 출발하여 어느 한적한 도로 밖으로 난 공터에 차를 세운다. 주변에 살펴보니 마을 표지석이 있었다. 미야모리무라宮守村라고 적혀 있었다. 이 마을 이름인가 보다. 건물도 없고 텅 빈 마을 같은데 무슨 볼일이 있는 걸까. 이토는 차에서 내려 아래로 난 길을 걸어가자고 했다. 천천히 걸어 내려가고 있으니 밑에서부터 걸어오는 할아버지가 계셨다. 이토는 그때를 놓치지 않고 할아버지께 달려가 질문 공세를 퍼붓기 시작했다. 그런데도 할아버지는 귀찮은 내색 없이 이토의 질문을 하나씩 다 받아서 답을 해 주는 듯했다. 현지인들끼리 이야기를 나누는 속도가 빨라서 제대로 말을 알아들을 수는 없었지만 이토가 옛날이야기를 물어보는 듯했고 할아버지는 그때 이야기를 기억나는 대로 답해 주는 것 같았다. 할아버지가 뒷짐을 지고 멀리까지 갈 때까지 이토는 함께 가면서 몇 가지 더 물어보았고 마지막에는 공손하고 쾌활한 목소리로 감사하다는 말을 몇 번이나 했다.

이토가 설명하기를 우리가 걷는 이 길을 겐지 선생이 몇 번이나 걸었다는 것이다. 그 할아버지는 겐지 선생이 이 마을에 와서 광석 조사를 했다는 이야기를 그분 집안사람들에게 들었다고 했다. 겐지 선생은 또, 글을 쓰기 위한 영감을 얻기 위한 산책길로 이 마을에 온 것이라 했다. 옛날에 이 마을에는 수력 발전소가 있었다고 한다. 한참 일본이 발전하고 있을 때, 공장도 많이 세워졌고 이 마을에도 수력 발전소 외에 여러 공장이 한가득 서 있었다고 한다. 우리가 내려간 쪽 건너편 산에서 도로 쪽까지 케이블카를 놓아서 광석 등을 운반해서 인근 철도로 옮겨 갔다고 한다. 그때는 온 마을이 공장으로 인해 불 밝았고 사람들도 많았다고 한다. 겐지 선생은 종종 이곳에 와서 글을 쓰거나 광석 조사를 했고 마을 사람들은 겐지 선생의 일화를 많이 알고 있다고 한다. 올라오면서 뵈었던 할아버지도 그분의 할아버지께 그 이야기를 들었다고 한다.

 겐지 선생도 글을 쓰기 위한 영감을 얻기 위해 숱한 고민을 했다. 글은 앉아서 쓰는 것이 아니란 걸 이렇게 또다시 절감한다. 그분의 글 속에는 대부분 동물이 나오고 그들의 입을 통해 작가의 생각을 전했다. 이토가 우리에게 낡은 네모 건물을 보여 주면서 옛날 공장 건물이라고 하는 것은, 건축물 자체에 관해 이야기하는 것이 아니다. 그만큼 겐지 선생이 발 닿지 않은 곳이 없을 정도로 그는 정말 품을 많이도 팔고 다녔던 작가라는 것을 강조하고 싶은 것이다.

 사실 말이지, 겐지 선생은 살아생전에 책을 내서 이익을 얻는 것이라야 우리 돈으로 일만 원 정도라고 한다. 평생 수입이 그 정도밖에 되지 않으니 작가의 자격이라도 있을지 스스로 의문을 가졌을 수 있지만 지금의 일을 그는 상상이나 했을까. 지금은 온 세계인들이 그의 작품을 읽고 감동하고 부끄러워한다. 수많은 이야기 속에서 함께하는 이름다운 삶에 대한 열정들이 묻어나는 걸 대단하다고 느낀다. 작가 당대에는 알아보지 못한 그의 진심을 지금 사람들이나 알아볼 수 있는 것이다. 그만큼 앞을 내다볼 줄 아는 인물이다. 이렇게 발로 뛰어가며 쓴 글들이 사람들에게 외면당할 때 그의 마음은 어떠했겠는가. 처지를 바꿔 생각해 보니 좌절 속에 빠질지도 모르겠다고 생각한다.

하지만 그는 그보다 더 큰 것을 향해 걸어갔기에 주변에 연연하지 않고 자신의 목소리를 냈다. 그런 용기를 지닌 겐지 선생의 결단에 박수를 보내고 싶다.

이제 돌아가려고 하니 기차 오는 소리가 들린다. 급작스럽게 차단기가 내려가서 우리는 철로에 서서 기차가 오는 모습을 바라본다. 밝은 빛이 환하게 퍼져 눈이 부시다. 그 옛날 철도가 지나가던 모습을 상상할 수 있다. 마을에서는 공장이 많았던 땅인지라 사택도 많았다고 한다. 일하는 사람들이 몰려들 때면 집이 있어야 하는 것이니 그들의 집을 철로를 사이에 두고 산 아래에 지었다고 한다. 그때 당시는 엄청난 사람들이 사택에 살고 공장을 쉼 없이 돌렸다고 한다.

그런 이야기까지 듣고 보니 마치 그 시대로 빨려 들어가듯 철로 위 사택에 여러 사람이 움직이고 있는 듯 느껴졌다. 그땐 얼마나 분주하고 활기에 찼을까. 수력 발전소는 물론 케이블카까지 작동하는 등 최첨단의 생활을 했을 이 마을에 우리가 설 수 있게 된 것은 예정된 운명이었을까.

이토는 말한다. 조금 전 할아버지가 하신 말씀이 '우리가 겐지를 좋아하는 건 그의 순수純粹 때문이었다'라고 한다. 누구도 알아주지 않아도 좋고 오로지 자신이 생각하는 그 길을 걸어가는 것도 순수하기 때문에 가능한 거라고. 이 동네 사람들의 기억 속에 남아있는 겐지 선생의 흔적도 그의 '순수한 걸음'이라는 것이다. 할아버지께서 윗대 할아버지께 전해 들은 바에 의하면 겐지 선생은 늘 혼자서 와서 공장 일대를 둘러보고 그들을 위해 무엇이라도 하고 싶다고 생각하며 진지하게 마을을 돌아다보고 갔다고 한다.

한 사람이 이 세상을 위해 할 수 있는 일이 많지는 않을 것이다. 그 사람의 생에서 차고 넘칠 만큼 많은 일을 했다고 해도 이 세상에서 존재는 미미할 뿐이다. 하지만, 자신이 이 세상을 움직이게 하겠다는 생각보다는 내가 할 수 있을 만큼의 노력을 다한다면 그것으로 하여 많은 파장을 일으켜 더 많은 사람과 함께하는 힘을 모을 수 있을 것이다. 이것은 오래전부터 내려져 오는 선한 사람들의 행동 양식이었다. 그렇게 되기까지는 한 사람의 특별하고 희생적인 헌신이 뒤따라야 하는 것이다. 그런 길 걸어가기를 주저하지 않는 사람이 많다면 이 세상은 더 아름다워지는 것이다. 순수란 불순물이 없는 상태이다. 어떤 것도 자리 잡을 수 없는 순백의 상태…. 어쩌면 그래서 겐지 선생은 광석을 좋아하지 않았을까. 광석이라기보다는 보석에 가까운 돌을 바라보며 그 투명한 세상의 일원이 되는 벅차오르는 기쁨에 그 얼마나 행복했을까….

기차는 떠나가고 남은 우리는 어둠 속에서 부지런히 움직여 차에 올라탄다. 그리고 이토는 다시 그 옛날 한 번 다니러 갔던 메가네바시를 향한다. 차 안에서 나는 생각한다. 겐지 선생이 다녔던 거의 모든 곳을 다녀볼 수도 있겠다. 이런 열정을 가진 지인들이 몇 명이라도 더 있다면 앞으로 겐지 선생의 흔적을 찾아다니는 일이 훨씬 더 수월해질 것이라는 생각이 들었다. 한마디로 나는 행운을 만났다. 그의 흔적을 이처럼 느끼고 다니는 이가 이와테에서도 몇이나 될까.

14. 우리의 별

 지난해 왔던 메가네바시로 불리는 은하철도를 상상케 하는 이 다리의 정확한 이름은 '미야모리가와바시宮守川橋'다. 일 년 전, 이 다리 위로 아름다운 조명이 비치고 있었기에 그땐 얼마나 가슴이 뛰었는가! 이번이 두 번째인데 그때와는 달리 좀 더 지형에 관해 관심을 가지게 되었다. 처음 이 다리를 지었을 때와 그다음에 도로가 생기고 새로운 다리를 지었을 때의 지형 변화가 흥미로웠다. 도로가 생기면서 본래 다리는 헐리고 새로운 다리가 생겨났고 그것이 지금의 유명한 은하 철로가 되었다. 옛 다리의 흔적도 아직 남아있었다. 벽돌로 칸칸이 세워 올린 낡은 굴뚝같이 솟은 건물터가 그것이라고 한다. 사람들은 지금의 다리를 보고 있지만 옛날 다리를 통해 겐지 선생이 보았던 그 시절의 다리를 유추해 낼 수 있다. 일 년 전에 왔을 때는 아름다운 조명이 비친 다리에 반해서 주변을 둘러보지 못했는데 이번에는 오히려 주변 지형을 돌아볼 수 있어 좋다. 이토가 또다시 우리를 이쪽으로 안내하지 않았더라면 지형 변화에 관심을 가질 수 없었을 것이다. 정말 그분은 겐지 선생이 내게 보내 준 분이 아닐까, 겐지 선생의 작품을 읽어보면 이해가 가지 않는 것이 여럿 있다. 문화의 이질성 때문이다. 한국과 일본의 차이라는 것도 큰 차이지만 그 시대는 전쟁을 일삼던 때였던 만큼 일본 내부에서도 가난과 전쟁 준비로 국가로부터 착취당하는 국민이 있었다. 그런 국민이 무엇을 바라보고 살아야 하는지에 대한 문학가의 고뇌가 그의 작품 속에 고스란히 담겨 있다. 우리나라는 일본의 식민지 시대를 거쳤던 만큼 일본의 처지에서 세상을 바라보기는 어렵다. 게다가 내가 태어나 자라던 시대는 일본에 비해 한참이나 뒤떨어진 낙후된 경제 상황이었다. 경제 대국으로 향해가는 일본의 문화적 배경의 암울한 단면과 낙후된 경제를 끌어 올려 먹고 살기 좋은 나라로 성장해 나가야 하는 숙제를 안고 있었던 1970년대의 상황은 완전히 다르다. 그렇다 보니 그의 작품을 이해하는 데는 배경지식이 더 많이 필요했다. 단지 아름다운 동화라고 불리기에는 그의 작품들은 때로는 너무 냉소적으로 환상적이었다. 내가 그런 환상을 이해하기에는 너무 많은 정치 사회적 이념이 내재해 있었다. 그것을 모르고 있었던 만큼 그의 작품이 그렇게 가슴 저리게 다가올 수는 없었다. 그런데도 몇몇 작품을 제외한 작품 대부분은 눈물이 날 만큼 아름다웠다. 우리 함께 어디로든 가자는 말에 큰 힘을 얻은 것도 사실이다. 이제, 그의 발자취를 이렇게 꼼꼼하게 밟아 보는 것으로 모든 열쇠가 풀리고 있다. 이런 감동을 맞기까지 나는 얼마나 오랫동안 이 길을 바라보았던가. 이제 길이 열렸다. 부지런히 걸어가기만 하면 되는 것이다.

우리는 유난히 큰 별을 보고 있었다. 나와 이토는 그것이 별이라고 했고 동행인은 경비행기 불빛 같다고 했다. 어떻게 저렇게 큰 별이 있을 수 있냐는 것이 동행인의 말이다. 평소에 볼 수 없었던 크고 밝은 별, 비현실적으로 큰 그 별을 바라보며 나는 이렇게 생각했다.

'어쩌면 겐지 선생의 고장이기 때문에 저것이 별이라고 믿어 버리고 싶다….'

그것이 진실이든 아니든 상관없었다. 우리는 늘 현실적이면서도 그 이상으로 비현실적이다. 하늘의 별을 바라보면서 우리

눈앞에 보이는 별은 바로 얼마 전에 없어져 버린 어떤 행성의 과거 모습이라는 것을 알고 있지만 그래도 우리는 별을 보며 행복한 감흥에 젖는다. 폭발하기 때문에 빛나는 것이라는 생각보다는 빛나기 때문에 아름답다는 생각, 그건 우리가 꿈을 꿀 수 있다는 증거라는 뜻이다. 과학이 이렇게나 발달한 세상에서 우리는 어쩌면 이렇게나 원시적인 눈으로 세상을 해석하려고 하는지. 인류의 존재 양식은 늘 이렇게 낭만의 혁명을 통해 연결되는 것은 아닐까….

잠시 화장실에 다녀와 보니 별이 없어졌다. 나와 동행인은 당황하여 하늘을 뒤져보았지만, 그 별을 찾을 수 없었다. 그렇다면 정말 그것은 경비행기의 불빛이었을지도 모른다고 생각하는 순간, 이토의 말 한마디에 무한한 행복에 젖었다.

"아차, 제가 말하지 않았네요. 저 별 제가 호주머니에 넣고 화장실에 들어갔습니다."

잠시 침묵, 그리고 우리들의 눈은 별처럼 빛났다. 와하하하! 하고 웃어넘기면서도 사람을 살리는 말을 비수처럼 날려준 이토가 고맙다. 맞다, 그 별은 구름에 가린 것도 아니고 경비행기의 불빛도 아니다. 이토의 호주머니에 들어 있다. 마음만 먹으면 다시 별을 꺼낼 수 있다. 이제 별은 우리 것이다. 우리가 원할 때 하늘에 다시 매달아 놓을 수 있다. 이제 우리는 부자다. 은하는 우리의 것이다!

## 15. 특별한 식당에서

 이토 씨가 이제 저녁을 먹으러 가자고 한다. 가까운 곳에 식당이 있는데도 구태여 차를 타고 가보자고 하는 것 보니 봐둔 식당이 있는가 보다. 자동차로 5분 정도 갔는가 싶더니 어떤 가게 앞에 주차한다. 미야모리무라에서 느꼈던 겐지 선생의 순수를 다시 한번 생각하고 있었는데 생각에 가속도가 붙기 전에 다시 정차해 버렸다. 식당에는 손님이 많지 않았다. 아직 문 닫을 시간이 아니라 다행이라 하면서 들어가 음식을 주문하려 메뉴판을 보았다. 그런데 신기하게도 메뉴판에 '김치찌개'가 있었다. 어떻게 김치찌개가 있을까? 우리는 각자 메뉴를 정해 주문했다. 그리고서 메뉴판에 김치찌개가 있는 이유를 알았다. 식당 여사장님의 아버지가 한국 사람이고 한국 음식을 할 줄 알기 때문에 메뉴에 넣었다는 것이다.

 이 넓고 넓은 우주에, 우리보다 더 넓은 땅 일본에, 그것도 시골 중의 시골 중 이와테현 '도노遠野'라는 곳의 식당에서 한국 사람과 한국인을 아버지로 둔 자그마한 노인이 만들어준 김치찌개를 먹게 되다니! 얼마나 놀라운 일인가. 너무 놀라서 아버지가 한국의 어느 고장 사람이냐고 다시 한번 물었더니 이렇게 말한다.

 "대구 사람입니다."

 "대구? 정말요? 우리는 대구에서 왔습니다."

 한판 잔치가 벌어질 참이다. 여사장님이 부끄러워하면서 한국어를 시작한다. 능숙하지는 않지만, 말이 귀에 쏙쏙 들어온다. 일본어의 억양이 양념처럼 묻어난 한국어. 나는 그 말을 들으며 재일 교포 2세를 생각했다. 식민지 상황에서 한국으로 돌아와야 했던 재일在日조선인을 생각했다. 그들에 의해 강제노역했던 노동자들을 생각했다. 그들의 언어가 이렇게 일본어의 양념에 묻은 배추쭘이지 않았을까. 그래서 한국식 김치도 아니고 일본의 기무치도 아닌 낯선 맛을 내는 언어…. 잠시 후 김치찌개가 나왔고 그 속에는 두부와 김치와 파가 냄비에서 부글부글 끓으며 우리에게 나왔다. 잠시 여행을 나온 우리에게 이 음식이 큰 감동을 주지 않았을 거로 생각한다면 독자들의 착각이다. 김치찌개를 쳐다보기만 하고 숟가락을 들 수도 없었다. 그만큼 북받쳐 오르는 감정 속에 휘감겨 버렸다.

여사장님이 우리가 밥 먹을 동안 내내 옆에 서서 이야기를 들려주었다. 일본인 이토와 나누는 이야기도 재밌었고 간혹 한국말로 우리와 이야기를 나눌 때는 이토가 우리를 흥미롭게 쳐다보았다. 밥이 입으로 들어가는지 코로 들어가는지 모를 지경이 되었다. 가만히 보니 이토는 배가 아주 고팠던지 밥 한 그릇을 금방 다 먹었다. 나는 숟가락도 대지 않은 밥그릇을 내밀어 주며 한 그릇 더 드시라고 했다. 여사장님과 이야기 나누며 일어날 때 보니까 한 그릇 더 내준 것까지 마저 다 드셨다. 생각해보니 우리가 점심을 제대로 못 먹은 것 같다. 우리도 겐지 선생 묘소에서 은사시나무 공원으로 올 때 밥을 먹지 못했다. 복수초를 보고 묘소에 들어가서 시간 가는 줄 모르다가 급하게 나오는 바람에 점심 식사는 불가능했다. 그런데 이토도 일이 있다고 하더니 식사를 제대로 못 하고 온 모양이다. 우리가 히나마쓰리로 향하는 동안 각자 빵을 먹었는데 그게 우리 점심이었다. 그 이후에 마쓰리 행사장에서 떡과 말차를 먹은 게 전부였

으니 저녁엔 시장할 수밖에 없다. 사람들 틈에서 이야기 나누며 시간을 보내는 동안 배고픔을 잊고 있었는데 이렇게라도 식사를 할 수 있어서 다행이다. 우리를 위해 또는 자신을 위해 행복한 안내인이 되어준 이토에게 고마운 마음을 품는다.

 여사장님 연세를 여쭈어보니 76세라고 한다. 깜짝 놀라고 만다. 그 나이라면 집에서 편하게 쉬려 할 텐데 어떻게 이 시골 마을에서 식당을 하고 있는가. 그 곁에서 일을 보조해 주는 분도 같은 연세라고 해서 더 놀랐다. 두 분 다 소녀처럼 예쁘게 화장하고 환하게 웃고 계시길래 육십 대 초반인가 했다. 열심히 일하는 어른들의 모습을 보며 나는 더 힘을 얻는다. 앞으로 남은 힘을 더 좋은 곳에 써야 하리라 결심하면서.
 식당의 주소를 받아 적고서 돌아오는 여름에 다시 오겠다고 약속했다. 이번 여름에 온다면 8월 1, 2, 3, 4일 정도가 될 것이라고 했다. 이미 비행기표를 예약해 두었기 때문에 그보다 더 오래 머물러도 괜찮다. 2주간의 여행을 계획하는데 하나마키엔 더 많은 지인이 생겼으니 7~8일쯤 머물러도 좋지 않을까 싶다. 인사를 하고 밖으로 나오니 하늘엔 더 많은 별이 총총하다. 이토는 이제 자기 호주머니에서 별을 꺼내 하늘에 뿌려놓았다고 한다. 그래서 그런지 별이 더욱 빛나는듯하다.

 저녁 여덟 시가 넘었다. 이토도 집으로 가야 하고 우리도 숙소로 가야 한다. 하지만 이곳은 시골 중의 시골이다. 도로에는 자동차가 많지 않고 있다고 해도 조심스럽게 운전한다. 내가 사는 고장 옆에 청도가 있다. 그곳으로 가는 길과 비슷하게 한적하다. 오늘을 되새기며 이야기 나누며 가고 있는데 갑자기 이토가 급브레이크를 밟는다. 나는 뒷좌석에 있었는데 갑자기 무릎을 앞쪽 의자에 살짝 부딪혔다. 차가 문제인가 싶었더니 그게 아니었다. 앞에는 사슴 한 마리가 우리를 쳐다보고 있었다. 사슴은 다리를 다쳤는지 일어나지 못하고 도로에 앉아 있었다. 만일 급하게 달렸다면 사슴의 목숨이 위태로웠을 것이다. 사슴의 검은 눈망울이 우리를 한창 바라볼 때 우리 셋은 모두 숙연한 느낌이 되었다. 우리가 잠시 놀란 것과 사슴이 놀란 것의 느낌은 다를 것이다. 사슴은 사지死地에 내몰려 있는 처지이기 때문에 자동차들의 헤드라이트나 자동차가 급하게 달려올 때 극한의 공포를 느낄 것이다. 그런 공포를 인간이 어찌 알랴.

사슴이 어떻게 해서든 도로 아래로 내려가기를 바라지만 다리를 전혀 쓸 수 없는지 앉은 채 꼼짝을 않는다. 우리가 내려서 사슴을 길가로 옮겨주다가는 또 무슨 일이 일어날지 모르겠다 싶어서 그냥 갈 길을 가기로 했다. 사슴이 내일 아침까지 버텨주어서 해 밝을 때 스스로 건너가게 되기를 바라는 마음으로.

그런데 10여 분 좀 더 가다가 또다시 차는 급브레이크를 밟는다. 이번에는 서지 않고 옆 도로로 서행해서 계속 진행하는 쪽을 택했다. 이번에도 사슴인데 죽었는지 살았는지 확인할 수가 없었다. 이렇게 야생동물들이 로드킬을 당하고 있다. 우리들의 문명이 더 발달할수록 그들의 터는 좁혀지고 인간들의 편리를 위해 삶이 위축되고 있다. 걱정스러운 마음이 들면서도 그래도 이 도로에서 빠르게 달린 차가 없었기 때문에 다행이라는 생각도 들었다. 급하게 달리다가는 야생동물들이 한순간에 목숨을 잃을 것인데 적어도 조심해서 달려가는 운전자들이 있어서 동물들이 억울한 죽음을 면할 수 있는 것 아닐까 싶다.

  호텔 앞에 차를 세우고 인사를 할 때 이토가 혹시 '비에도 지지 않고' 시비에 가볼 시간이 있는지 물어보았다. 내일은 100년 전 겐지 선생이 떠났던 여행 루트를 찾아 산리쿠 철도를 타고 다녀야 하니 시간이 안 되고 모레는 출국해야 하니 아무래도 이번에는 어렵겠다고 했다. 그럼 우리는 이번에 이것으로 안녕하고 여름에 만나자고 인사를 하고 헤어졌다. 차가 멀어질 때까지 우리는 그에게 오랫동안 손을 흔들어 주었다.

  겐지 선생으로 인해 만난 사람, 그리고 저분의 인연으로 만나게 된 더 많은 사람을 생각하면 사람이 사람을 만나는 일이야말로 가장 아름다운 일이라는 생각이 든다. 외로웠지만 꿋꿋하게 자기 길을 걸어갔던 겐지 선생의 그 길을 따라가는 사람들이 이 길 위에서 만났으니 우리 삶이 이렇듯 풍요로워지는 것이다. 돌아오는 여름쯤에 얇은 옷을 입고 땀을 흘려가며 함께 어디로 갈까 몇 달 뒤를 기대해 보며 숙소에 올라가 온천에 몸을 담근다. 오늘 하루의 일을 되새겨보니 웃음이 난다. 아무도 없는 온천탕에서 혼자 빙그레 웃는 이 순간, 나는 너무나 행복한 사람이다.

**4일차_** 2025. 2. 26.(수)

## 16. 은하철도를 타고

　오늘은 백 년 전 겐지 선생이 5일간 다녔던 여행 루트를 따라가기로 한 날이다. 아침 일찍부터 일어나 창밖을 보니 우산을 쓰고 가는 사람이 많다. 밖에 나와보니 비는 많이 오지 않는데 바람이 제법 세다. 오늘은 하나마키 역광장에서 오래 머물지 않고 곧바로 플랫폼에 들어온다. 모리오카 역에 가서 이와테 은하 열차를 타고 가기로 했는데 이 열차는 느리게 가는 완행열차이다. 이 차를 타는 이유는 겐지 선생이 이 노선의 열차를 타고 갔기 때문이다. 1시간 30분 이상 타고 가야 하지만 백년 전 겐지 선생이 갔던 그 철로를 달리는 것은 특별한 경험이 될 것 같다. 출국하기 전에 이 루트를 열심히 알아보고 왔다. 모리오카 역에서 이와테 은하철도를 타고 하치노헤 역에 내리고 거기서 구지 역으로 간다. 그런 다음 동해 쪽으로 방향을 틀어 내려오다가 나중에는 가마이시선을 타고 다시 하나마키로 돌아온다. 겐지 선생은 이 5일간의 여행을 도보, 버스, 기차, 배를 타고 다녔다. 우리는 그 정도는 다니지 못하지만, 그때보다는 기차가 빠르니 산리쿠 철도 선을 기차로 하루 만에 돌아보는 것도 가능하다. 하나마키 역 플랫폼에 들어서니 비바람이 너무 강하게 불어서 걱정이 좀 된다. 이 비바람에 기차가 갈까? 하지만 이 정도로 기차가 못 간다는 건 있을 수 없다. 우리는 편안

한 마음으로 모리오카행 기차를 기다려 탔다.

　모리오카로 가는 중에 '이시도리야石鳥谷'라는 역을 보았다. 이 역은 어제 겐지 문고에서 만난 사토미가 사는 곳이다. 어제 약도를 보여 주면서 자기 동네라고 말했다. 이곳에서 겐지 문고까지는 버스로 2~30분 정도 걸릴 것 같다. 하지만 하나마키 중에서도 좀 외곽지역이다. 어제 말할 때도 사토미가 사는 동네는 하나마키 시내와 많이 떨어진 곳이라 했다. 얼마나 시골이었으면 돌과 새와 골짜기가 많은 듯한 느낌의 이름의 마을일까 싶다. 지금쯤이면 스테프 목걸이를 하고 겐지 문고에 출근해서 방문객들을 맞이하고 있겠지.

　모리오카 역 이와테 은하철도 개찰구로 갔다. 승무원에게 차표를 보여 주니 깜짝 놀라면서 바로 앞에 있는 기차이니 빨리 가서 타라고 한다. 동행자와 함께 급히 서둘러 기차 안으로 들어갔다. 그러자 곧 문이 닫히고 기차가 출발했다. 이 기차는 완행열차여서 역마다 내리고 속도도 매우 느리다. 지정석을 따로 예매할 필요 없이 본인이 원하는 자리에 앉으면 된다.

　기차 안에 들어가니 빈자리가 많아서 편안하게 앉아서 창밖을 본다. 며칠 전부터 눈이 와서 그런지 바깥세상은 눈 나라다. 이렇게 하얀 눈을 기차 타고 다니면서 본 일은 없었다. 곧 시부타미 역을 지나치게 될 거다. 지난 여름, 시부타미 역에 내렸던 일이 떠올랐다. 그땐 너무 더워서 땀을 뻘뻘 흘리며 역에 내려 자전거를 빌렸었지. 다쿠보쿠 기념관을 찾아갔으나 리모델링 중이어서 관람하지 못했고 공사장 바로 옆에 있는 '호토쿠지宝徳寺'에 들어가서 한참 동안 앉아 있다 왔다. 그곳은 다쿠보쿠 선생의 아버지가 주지로 지냈던 절이었다. 나중에는 주지에서 파면되어 쫓겨나는 불운을 맞게 된다. 그 때문에 다쿠보쿠는 가족을 부양해야 하는 짐을 떠맡게 되었다. 호토쿠지에 가보니 다쿠보쿠에 관한 여러 자료도 전시해 놓았더랬다. 온몸에 땀을 뻘뻘 흘리며 시인이 뛰어다니던 들판을 한달음에 달렸다. 자전거로 달릴 때 어떤 새보다도 자유롭다고 생각했다. 그 푸른 시부타미가 이번엔 흰 눈 쌓인 겨울이다. 지붕 위에 두껍게 내려앉은 눈이 겨울 시부타미의 멋스러움을 더해주는 것 같다.

　흰 눈 쌓인 들판을 지나고 지나고 지나고…. 그 눈 위를 바라보고 바라보고 바라보고…. 메모지를 꺼내 시를 쓰는 겐지 선생처럼 나도 시를 써보고…. 이렇게 느린 기차를 타고 설원雪原을 달릴 때 그 누구라도 시심이 일지 않을까. 길게 뻗은 삼나무 가지에 쌓인 눈은 언제라도 한꺼번에 뛰어내릴 준비를 하는 듯 세상을 가감 없이 바라보고 있다. 가지에서 떨어지는 눈 무더기들은 또 새로운 세상을 예고하듯 눈을 바라보는 사람들을 설

레게 한다.

　눈밭을 보며 한참 다니다 보니 높이 솟은 삼나무 사이로 가로로 세워진 나무 현판이 보인다. '은하의 앵 병목銀河の桜並木'이라고 쓰여 있다. 이 지방에는 '은하銀河'라는 이름이 도대체 몇 개나 있을까. 어떻게 보더라도 겐지 선생의 영향을 받은 것이라고 볼 수밖에 없다. 은하와 앵두나무가 무슨 관계 있을까. 앵두나무는 사쿠라나무 아닐까? 주변 역 어딘가에 은하수와 관련된 특별한 전시를 하거나 구조물이 있는 것일까. 열을 지어 서 있는 사쿠라나무들이 봄에 장관을 이룬다거나 하는 등의 특별한 고장이지 않을까 싶다. 다만 추측일 뿐이지만 마을마다 특별한 행사가 있다는 건 좋은 일이라는 생각이 든다.

　터널을 몇 개 지나고 교각을 몇 개나 지나며 달려가는 이 기차에서 나는 나 자신을 다시 바라본다. 지금까지 살았던 내 삶보다 더 아름다운 삶들이 바로 내 앞에서 펼쳐지는 이 순간이 너무나 행복하다. 낯선 것에서 새로운 것을 발견하고 또 다른 세상을 만나고 있는 지금, 내 생애 가장 빛나는 나날이라는 것은 틀림없는 사실이다.


　하치노헤 역 거의 가까워질 무렵 방송이 들렸다. 그런데 잘 들어보니 이 기차를 우리가 처음 탔을 때는 '이와테 은하철도'였는데 기차 이름이 바뀐다는 것 같다. 무슨 말인지 몰라서 갸우뚱하고 있다가 목적지인 하치노헤 역에 내렸는데 이게 어찌 된 일일까. 기차 외부에 이와테 은하철도 그림은 어디로 가고 다른 그림이 붙어 있는 것이 아닌가. 그리고 기차 표면에는 '아오이모리철도青い森鉄道'라는 이름으로 바뀌어 있는 것이다. 어

떻게 이런 일이 있을 수 있지? 중간에 기차가 다른 기차와 결합한 일도 없이 그냥 그 기차를 타고 왔는데 말이다. 별 모양을 한 하늘색 옷을 입은 역무원과 철도 모자를 쓴 아이가 주요 캐릭터인 모양이다. 이 별 역무원 캐릭터는 두 눈을 귀엽게 감고 하얀 이를 드러내며 오른손을 흔들고 있었다. 절로 웃음이 나는 경쾌한 이모티콘이다. 하지만, 도대체 어떻게 이런 일이 가능할까? 이와테 은하철도는 온데간데없어지고 아오이모리철도가 우리를 내려주니 황당하여 얼간이처럼 멍하니 서 있었다. 아오이모리철도의 비밀을 언젠가는 풀어 보리라.

## 17. 강풍이 불어

 하치노헤 역에 내렸다. 백 년 전 이와테 은하철도를 타고 하치노헤 역에 내렸을 때는 느낌도 이러했을까. 그땐 1월이었으니 2월보다는 조금 더 추웠을까. 백 년 전의 기후를 알 수 없으니 짐작하기는 어렵겠지만 오늘 같은 날씨였지 않을까 생각만 해보는 것이다.
 역 광장으로 나가서 주변을 살펴보면서 동영상을 촬영했다. 마침 하치노헤 안내도가 있어서 지도를 살펴보니 우리가 타고 온 기차가 '아오이모리열차'인 이유를 알겠다. 출발할 때는 이와테현이었고 도착은 아오모리현이었기 때문이다. 지도를 살펴보며 우리가 타야 할 산리쿠 철도 노선을 검사해 보기로 했다. 겐지 선생이 5일 동안 다녀온 길을 하루 만에 가능할지 이곳에 와 놓고 보니 더 현실적으로 불가능한 것 아닌지 다시 돌아보게 된다. 어쨌든 기차를 타고 구지 역으로 가면 되는 것이니 너무 늦게 도착하더라도 괜찮다고 생각한다. 이제 구지 역으로 가야겠다고 생각하고 플랫폼으로 들어와 개찰구를 찾아보았다. 그런데 이게 무슨 일인가! 개찰구 앞에 떡하니 붙어 있는 알림판에는 우리가 탈 기차가 '운휴'라고 적혀 있었다. 디지털 전광판에도 우리가 타고 갈 기차에 '운휴'라고 적혀 있다. 분명히 한 시간 전에 이곳에 내릴 때는 없던 것이다. 그런데 그사이 이런 일이 생길 수 있을까? 화이트보드 알림판에는 이렇게 적혀 있다.

> '일본 JR 하치노헤 선은 강풍의 영향으로 이하 열차가 운휴運休되었습니다. 441D 12:24 발차 구지행 고객님들 대단히 죄송합니다.'

'운휴'라는 글자는 붉은색으로 표기되었다. 어쨌거나 이 차는 출발을 하지 않겠다는 뜻이다. 답답한 마음이 들어서 시간표를 보러 갔다. 다음 차는 몇 시에 있는가 했더니 14시 25분에 있다. 그러나 이 차도 제대로 출발할 것인지 알 수 없다. 시각표를 보면서 알게 된 사실은 내가 탈 차편은 차량이 두 량 뿐이고 다른 차들도 한 량 또는 두 량 밖에 되지 않는다. 그렇다면 큰 바람이 인다면 그만큼 더 위험해질 수도 있다. 한두 량 기차가 바람에 어떻게 이길 수 있겠는가. 그땐 바람이 잠잠할지 어떻게 알겠는가. 그러나, 실낱같은 희망을 품고 역무원에게 찾아가 물어보았다. 이다음 차는 탈 수 있겠는지를. 하지만 역시 역무원은 희망적인 말을 하지 않는다. 알 수 없다는 답만 돌아왔다. 바람이 잦아진다는 보장이 없는 마당에 다음 차를 탈 수 있다는 말을 누가 하겠는가. 그것도 무책임한 말을 내뱉어가면서 말이다.

    선택해야 한다. 차가 멈추었기 때문에 좀 더 기다렸다가 오후 차를 타고 가거나 만일 오후 차도 출발하지 않으면 그때 하나마키로 되돌아가는 방법과 오후 차 탈 생각하지 말고 아예 이번 여정을 포기하고 곧바로 하나마키로 내려는 방법 중 어떤 것이 최선일까 고민했다. 결론은 의외로 쉽게 났다. 곧바로 하나마키로 돌아가 '비에도 지지 않고' 시비를 보러 가자. 혹시 머뭇거리다가 이곳에서 모리오카 역으로 돌아가는 기차도 멈춘다면 정말 난감한 일이다. 재빨리 움직여서 숙소 근처로 가는 게 안전하다는 결론이다. 2023년도에 교토를 바로 코앞에 두고 기차가 멈춰 그 속에서 일본인들과 하룻밤을 지새우고 온 경험을 되새겨보았다. 그들은 늘 미안하다고 말했지만, 대책을 신속하게 마련하지 못했다. 그 이후로 그런 마음의 준비를 했던 것 같다. 일본에 와서 일이 터지면 수습이 빨리 이루어지리라는 희망 조차를 버려야 한다고. 그 대신 내가 할 수 있는 일을 빨리 취하는 방법을 택해야 한다. 아날로그식의 사고가 아직도 건재하는 일본 사회에서 일을 처리하는 속도는 상상을 초월한다. 어떤 일이든 신속하게 처리하는 우리나라와는 확연하게 다른 문화이다. 그날 기차 속에서 하룻밤을 지내며 나오던 날 그 점을 분명히 파악하게 된 것 같다. 그래서인지 이번의 일을 결정하는 데 그리 오래 걸리지 않았다. 이것이 내가 할 수 있는 일이기 때문에 그 일이라도 신속하게 처리해야만 한다.
    그래서 이번엔 완행열차를 타지 않고 신칸센을 이용하기로 했다. 그렇게 모리오카로 가는 신칸센 티켓을 발부받았다. 하치노헤 13시 7분 출발, 모리오카 13시 44분 도착이다. 신칸센 표를 받고는 신기해서 웃었다. 이와테 은하철도를 타고 하치노헤 역으로 도착하는 데는 1시간 30분이 넘었는데 신칸센으로 모리오카로 다시 가는 데는 35분가량밖에 안 걸린다. 이것이 신칸센의 위력인가, 완행열차의 답답함인가. 올 때처럼 다시 완행열차를 타고 간다면 더 늦은 시각에 도착할 것이다. 그러나 이렇게 일찍 도착하면 모리오카에서 하나마키로 다시 40분간 재래선을 타고 가면 된다. 해가 있을 때 주변을 다니는 것이 안전하기 때문에 되도록 빨리 하나마키로 돌아가기로 했다.

잠시 플랫폼 휴게소에 들어가 빵과 간식을 꺼내먹으며 기차를 기다렸다. 우리뿐 아니라 많은 사람이 기차가 멈춰 선 것을 아쉬워하며 휴게소에 들어오거나 왔던 곳을 다시 가는 모습을 볼 수 있었다. 우리는 이번 여행에서는 이 일정을 포기하면 그만이지만 실제로 집이 동해 쪽에 있는 사람이라면 돌아갈 수 없게 되면 난감할 것이다. 그럴 정도가 아니라는 것에 감사하면서 모리오카행 신칸센에 올랐고 35분 뒤 모리오카에 내려 곧바로 하나마키를 향하는 재래선을 탔다.

강풍 때문에 이런 일도 나쁜 일이 아니다. 자연 앞에서 누구나 미약한 존재라는 것, 늘 차량 이동에는 경계심을 가져야 한다는 교훈도 얻는다. 하나마키에 도착하니 아침에 플랫폼에 들어섰을 때 비가 왔고 바람도 꽤 불었던 기억이 났다. 결국 그 비바람이 지금의 날씨를 있는 그대로 나타내 보여 주었다.

하나마키 역 광장에 있는 관광안내소에 다시 들어갔다. 이번엔 '비에도 지지 않고' 시비까지 가는 정보를 알아야 한다. 이제는 편안해진 안내소 나들이, 가볍게 문을 열고 들어서니 어제 들러서 보았던 직원이 아니다. 그렇지만 예의 바르고 친절하게 가는 길을 알려주었다. 어제 탔던 100엔 버스는 거기 가지 않느냐고 물어보니 가지 않는다 한다. 대신 차 시각표를 자세히 알려주신다. 작년에 처음으로 시비를 찾아갈 때는 한참을 걸어갔다. 겐지 선생 묘지에서부터 걸어가기로 했는데 조금은 추운 날씨이기도 했지만, 묘지에서 거기까지는 거리가 꽤 멀어서 걸어가기에는 조금 무리가 있었다. 거리에 대한 감각이 없다 보니 무작정 걸어가 보기로 한 것이었는데 길도 잘 모르는 데다가 중간에 쉬어갈 곳도 마땅치가 않았다. 점점 지쳐갈 무렵에는 바람까지 세서 더 힘이 빠졌다. 언제까지 가야 하나 하며 다리를 질질 끌고 갔을 무렵에야 시비 들어가는 길을 찾아냈다. 그 땐 아마 두 시간 정도 걸어간 듯한데 버스로는 10분 만에 간다고 하니 놀랄 수밖에 없다. 작년처럼 걸어갈 것이 아니라 이번에는 편안한 마음으로 갈 수 있다 싶다. 하지만, 위쪽 지역 강풍만 센 게 아니라 이곳 바람도 만만치가 않다. 옷을 여며야 할 만큼 센 바람이 불어닥친다. 만일 하치노헤 역에서 구지 역까지 억지로 가려고 했다면 어떤 일이 벌어졌을지 모를 일이다. 계획을 취소하고 빨리 되돌아왔지만, 하나마키 바람의 기세를 보았을 때 동해안은 더 큰 바람이 소용돌이쳤을 것임이 틀림없다.

1번 정류장에 서서 버스가 오기를 기다린다. 강풍으로 인해 다시 돌아온 하나마키 역 앞에서 나는 다시 겐지 선생의 시비를 만나러 간다. 정말 오늘 같은 날은 강풍에 지지 말아야 한다. 센 바람이 분다 해도 꼭 가야 할 곳은 가야 하리라는 생각이다. 시비가 있는 자리는 무척 소중한 곳이다. 겐지와 그의 여동생이 생각나는 땅이다. 오늘 다시 그곳에 들르게 된 것은 겐지 선생의 뜻일까. 저 멀리서 버스가 온다. 나는 다시 동네를 한 바퀴 돌며 그 시비에게로 간다. 강풍에도 지지 않고 그에게로 간다.

## 18. 비에도 지지 않고

  버스를 타고 가고 11분째 되자 정확하게 시비 앞에 도착한다. 이렇게 가까운 길을 그렇게 멀리 돌아왔던 게 믿기지 않는다. 그러나 그보다 더 놀라운 일은 일 년 전 왔다가 자세히 보지 못했던 낡은 안내 간판이었다. 겐지 선생의 흔적을 잘 나타낸 안내도였다. 한참 동안 서서 그림지도를 읽다가 시비 쪽으로 걷기 시작했다. 바람이 얼마나 센지 동영상으로 찍어도 목소리가 제대로 녹음될까 싶다. 기온도 어제와 비할 데 없이 내려갔는지 손끝도 시리다. 걸어가자니 바람에 몸이 날려갈 듯하다. 흰 눈은 아직도 수북이 쌓여 있고 흰 눈 위에 누군가 손 글씨로 쓴 '겐지시비賢治詩碑'라고 적혀 있는 이정표가 있다. 화살표까지 직접 손으로 그린 듯하다. 이전에는 보지 못했던 라스치징관이 보인다. 지금은 문을 열지 않는다고 했지만 가까이 가서 보니 제법 넓은 집처럼 보이는데 이 집은 겐지 선생 생전에 꾸렸던 라스치징협회가 아니라 그의 사후에 그를 기리며 지은 기념관 같은 곳인 것 같다. 지금은 폐관 시즌이라서 정확한 것은 알 수 없다. 위치상 라스치징협회는 이곳이 아니라 비에도 지지 않고 시비가 서 있는 바로 그 땅이라고 생각한다.

　삼나무들 사이로 들어간다. 작년 이맘때 삼나무 사이로 걸어 들어가니 갑자기 눈이 함박눈이 되어 내렸다. 바람에 나부끼는 함박눈이 마치 겐지 선생의 환영이라도 되는 듯 반갑고 기뻤다. 입구에 들어가니 유명한 겐지 선생의 안내문 '아래 밭에 있습니다. 겐지'라는 글귀가 검정 흑판 같은 곳에 친필로 쓴 그대로 현판에 소개되어 있다. 이 글귀는 어느덧 많은 사람에게 알려져 있다. 이곳에서 라스치징협회를 꾸리고 있을 때의 일이다. 겐지 선생은 교사직을 그만두고 라스치징협회를 창설해서 이곳에서 협회 일을 주관했다. 그는 여러 가지 일하면서도 농사일을 부지런히 했다. 비료 개발을 앞장서 하면서도 농사일도 꾸준히 했다. 이 메모는 이곳에서 멀지 않은 그의 밭에서 일하러 내려가면서 방문객들을 위해 쓴 안내문이다. 혹여, 방문객이 찾아오면 어디 있는지 목적지를 알려주기 위한 섬세한 배려였다. 요즘같이 핸드폰이 보편화되어 있다면 전화하면 될 일이지만 그때는 연락할 방법이 쉽지 않았다. 어렵게 찾아온 방문객이 헛걸음하게 될까 걱정했던 겐지 선생이 생각한 방법이 바로 이 메모다. 이 글을 본 사람들은 '아래 밭'이라는 곳을 아는 사람들일 것이다. 그 밭은 이곳에서 걸어서 20여 분 정도의 거리에 있다. 그 정도라면 사람들이 밭에까지 겐지 선생을 찾아왔을 것이다. 그리고 일하고 있던 선생은 그 사람과 밭에서 이야기를 나누거나, 밭 근처에 쉴만한 곳을 만들어 이야기를 나누거나, 일을 중지하고 같이 집으로 돌아오는 등의 여러 방법을 취했을 것이다.

　겐지 선생은 농민예술을 주창한 분이다. 농민들이 힘겹고 어려운 일을 하고 있을 때 위로를 줄 수 있는 것은 예술이라고 생각했다. 그래서 농민들에게 예술을 소개하기도 했지만, 그 당시 그의 마음을 헤아려주는 이들은 거의 없었다. 시대를 앞서 간 사람들의 공통된 특징은 당대의 사람들에게 인정받지 못한다는 것이다. 겐지 선생도 마찬가지였다. 농민들에게 도움을 줄 수 있는 일이라면 어떤 것이라도 했지만 정작 농민들은 겐지 선생을 보며 비웃기 일쑤였다. 배부른 사람들이나 하는 것이 예술이라고 생각한 농민들이 겐지 선생을 이해하기는 쉽지 않았을 것이다. 그의 행보는 끝없었다. 비료 개발과 보급에도 열심이었고, 끝없이 광석을 찾아다니며 돌의 세계에 심취해 있기도 했다. 그의 고단한 삶을 위로해 주는 것은 그의 습작이었으리라. 시를 쓸 때 시를 쓰고 동화를 쓸 때 동화를 쓰면서 여러 각도의 인간 심상을 그려 넣으려 했던 겐지 선생은 다면체의 인간이다. 우리 모두 다면체로 살아갈 수 있지만 자신의 가능성을 밖으로 드러내지 못해 결국 한두 가지의 얼굴과 이름으로 세상을 살다 세상을 등진다. 하지만 겐지 선생의 얼굴과 이름은 얼마나 많은가. 그의 다채로운 이름은 그가 겪었던 삶의 질곡을 말해주고 그의 고독을 말해준다. 그만큼의 고통을 누가 함께 해 주었을 리 없다. 그랬기에 그의 작품들 속에서는 고귀한 메시지들이 빛나는 것이다.

　'비에도 지지 않고'의 시비 앞에 섰다. 이 비석은 세운 지 80여 년 되었다고 전해진다. 당시, 비석에 글을 팠던 사람은 조각가 '다카무라 고타로'라고 전해진다. 지금은 시간이 너무 지나 버려서 비석의 글씨를 읽기가 힘들다. 글씨의 홈이 너무 얕아서 윤곽을 알아보기 힘들어서 처음부터 끝까지 읽기가 상당히 힘들다. 시비를 찾아온 사람들은 오히려 시비의 글을 읽지 않고 관공서에서 세워놓은 듯한 인쇄체 '비에도 지지 않고' 원본 글씨를 읽을 것이다. 나도 결국 비석을 읽지 못해 인쇄체 글씨를 읽었다.

천천히 앞쪽으로 걸어가니 일 년 전에 이곳에 서 있었던 감동이 다시 일어났다. 겐지 선생의 '비에도 지지 않고'는 사후에 발견된 글이다. 본래 시가 아니었고 메모지에 적혀 있었던 글귀를 보고 후세 사람들이 시로 소개한 글이다. 이 짧은 글 속에 그의 마음이 고스란히 드러나 있다. 그의 정신과 그가 원하던 삶의 방향도 그대로 나타난다. 변함없이 이 세상의 사랑과 화합과 평화를 원했던 그의 작가 정신도 시 속에 완전히 드러나 있다. 어쩌면 이런 사람을 사람들은 '바보'로 칭했는지도 모른다. 그러나 겐지 선생은 그런 '바보'마저도 사랑할 수밖에 없는 사람으로 그렸다. 그의 동화 『겐쥬공원 숲』에 나오는 '겐쥬'라는 주인공처럼 말이다. 겐쥬는 보살행을 하는 또 다른 자기 모습일 것이다. 수많은 이들이 이 시를 사랑하는 이유는 이런 바보 같은 사람들의 힘이 이 세상을 사랑으로 이끌어간다는 것을 알기 때문일 것이다. 바보로 불리는 것을 누가 좋아하겠냐마는 이름 그 자체의 '바보'보다는 '정의로운 바보'라는 이름이 옳을 것이다. 이 바보는 올바른 측은지심의 주인공이다. 우리는 이런 이를 '신'으로 부른다. 신은 끝없이 인간들을 용서하며 존재한다. 그들은 그야말로 바보 같은 존재들이다. 아무 득도 없는 인간들을 위해 무엇이든 내어 준다. 그런데도 인간은 교만하고 욕망에 휩싸인다. 우리들의 신은 바로 우리 곁에서 끝없이 끝없이 바보가 되어주고 있는 것이다.

　겐지 선생이 말하는 '밭 아래'가 어디쯤일까 살펴본다. 멀리서 눈대중으로 알아볼 수 있는 지점에 긴 푯말이 있었다. 이곳이 옛 라스치징협회였고 바로 저 아래가 밭이라니, 어느 정도 그림이 그려진다. 오늘은 겐지 선생의 밭 아래까지 갈 수는 없지만, 다음에는 그의 밭까지 한 번 가보리라 하고 기념 촬영한다. 한 바퀴 돌아보는 사이에 또다시 폭풍 같은 거센 바람이 휘몰아쳐서 깜짝 놀랐다. 그 사이 또 눈덩이가 푹푹 내리기 시작했다. 주변에서 흔들리는 삼나무들을 배경으로 눈가루들은 춤을 추기 시작했다. 시비 앞 땅바닥은 질퍽거리고 있는데 그곳에도 눈이 싸륵싸륵 내려 쌓인다. 이 바람 가득한 공간에 서 있는 나만의 자유, 그리고 행복 어디까지나 느낄 수 있는 사랑의 시간이다.
　여기서 더 머물 수가 없다. 추워도 너무 춥다. 따뜻한 모자와 장갑 목도리까지 입고 있지만 바람이 어찌나 센지 코끝이 얼 지경이다. 내가 사는 고향보다 한참 위쪽 지방까지 와 있다고 하는 걸 실감한다. 이곳은 우리나라로 치면 북한의 평양보다 조금 더 위쪽이다. 그러니 이런 추위가 가능한 거겠지. 장갑을 끼었어도 손끝이 시리다. 마침 호주머니에 넣어 온 핫팩을 만지면서 겨우 추위를 견디는 중이다. 한쪽에 라스치징협회 당시 건물 배치도가 있었다. 그쪽에 가서 옛 건물들의 모양을 추정해 보았다. 이곳에 건물이 있다고 상상해 보면 어느 정도 그림이 그려진다. 이곳에서 겐지 선생은 동생 토시와 함께 살았다고 한다. 토시는 몸이 약해서 아주 아팠고 결국 폐결핵으로 먼저 죽는다. 겐지 선생이 여동생을 잃은 슬픔은 그의 작품 곳곳에 베어져 있다. '죽음'과 '눈' 이미지로 여동생에 대한 사랑을 절절하게 드러냈다. 사후, 그의 그 슬픔은 『은하철도의 밤』에도 강력하게 투사되었다. 동생을 위해 꽃밭을 만들어주었던 땅이었던 이곳에서 나는 이 세상의 사랑을 위해서 무엇을 할지 생각해 본다.

나 역시도 특별한 이벤트들을 만들 생각은 없다. 그저 내가 원하는 삶을, 단지 나 자신만을 위한 삶이 아닌 우리 모두의 삶을 꿈꾸며 살아가는 그런 시간을 지나가고 싶다. 그랬기에 그의 고향에 이렇게나 자주 발걸음하는 것일지도 모른다. 이것은 그에 대한 존경과 사랑이기도 하며, 그의 정신을 오롯이 닮겠다는 결심을 나타내는 나 자신과의 약속이기도 하다.

이제 가야 할 텐데 하며 한 바퀴 휘, 돌아보니 일 년 전에는 보지 못했던 표지석이 보인다. 한쪽 표지석에는 이런 글귀가 쓰여 있었다.

'바람과 눈보라 구름으로부터 에너지를 받아라.'

또 한쪽 표지석에는 이런 글귀가 적혀 있었다.

'우리는 세계의 참된 행복을 찾자'

그야말로 겐지 선생의 정신을 그대로 옮겨 놓은 글이다. 무엇보다도 자연의 일부인 인간이 해야 할 일과 우리 모두 함께하는 아름다운 삶을 추구하는 염원이 담긴 글. 그의 이 거룩한 정신을 다시금 되돌아볼 수 있게 된 것에 감사한다. 어쩌면 오늘 이곳에 오지 못했다면 이 글귀들을 보지 못했을 것이다. 이 글귀로 하여금 더욱 힘을 얻어 돌아가라는 겐지 선생의 뜻이라고 생각하련다.

  차 시간이 조금 남아서 가방에 넣어 온 삶은 달걀을 먹기로 했다. 하치노헤 역까지 갔다가 다시 오기 전 빵 하나 먹고 점심을 먹지 못해서인지 허기가 느껴졌다. 이번 여행의 건강을 지켜준 일등 공신은 삶은 달걀이다. 요 녀석들을 들고 다니며 곳곳에서 먹고 든든하게 하루하루를 버텼다. 하나마키의 마지막 여행길에서도 역시 삶은 달걀이 그 역할을 제대로 해 준다. 맛있게 먹으면서도 손끝 발끝이 시려서 발을 동동 구른다. 버스 오는 시간에 맞춰 가야 하니 더 오래 있지는 못한다. 이렇게 이곳을 떠나면 여름에 또 올 수 있겠지. 여름에 와서는 겐지의 밭을 수색하러 다녀야 하니 또 이곳에 올 수 있을 것이니 섭섭한 마음 없이 가볍게 떠날 수 있다.

  찬바람을 세차게 끌어안으며 버스 정류장에 오니 아직 버스가 오지 않았다. 보통 버스 회차로에 차가 대기하고 있는데 우리가 좀 일찍 나와 있었나 보다. 해가 막 저물어 가고 있는 하늘엔 먹구름이 깔려 있다. 아직도 찬 바람이 세차게 불어오니 얼른 버스가 왔으면 싶다. 그럴 때 이 지역 학생이라고 여겨지는 남학생이 인사를 꾸뻑하며 달리기하며 지나간다. 나도 같이 고개를 숙여 대응하며 웃어본다. 누구에게도 인사하는 사람을 찾아보기가 어려운 세상이다. 학생이 쾌활한 목소리로 인사하는 그 순간, 차디찬 겨울바람 속에서도 따스한 훈기가 퍼져 나옴을 느낀다.

  버스가 곧 왔다. 우리는 얼른 올라탔지만 버스는 출발 시간이 있기 때문에 한참 서 있다. 출발하지 않아도 따뜻한 버스 안에서 행복감을 느끼며 손과 발이 조금 풀리기를 기다렸다. 차디찬 얼음장 속에서 따스한 풀밭으로 나온 느낌으로 글을 써보고 싶다고 생각했다. 곧 출발한 버스는 올 때와 마찬가지로 10여 분 뒤에 하나마키 역 광장에 도착했다. 버스를 타고 돌아보는 하나마키의 마지막 풍경이다. 내일은 귀국하기 때문에 오늘이 본격적인 여행의 마지막 날이다. 이제 곧 숙소에 도착해 몸을 충분히 녹이며 내일 귀국 준비해야 한다.

## 19. 다시 만난 사람

  하나마키 역에 내려 림푸사로 향했다. 이곳은 주로 겐지 선생의 작품에 나오는 주인공들을 인형이나 모형 또는 책갈피로 만들어 파는 곳이다. 많은 종류의 상품들이 있어서 하나마키에 오면 늘 한두 가지씩 사 가곤 했다. 2019년도에는 겐지 선생 모형으로 만든 철제 연필꽂이를 사 와서 내 책상 위에 올려놓았다. 겐지 선생이 내 집필 과정을 지켜본다고 생각하고 열심히 글을 쓰게 되었다. 이후에 하나씩 겐지 선생을 상징하는 조형물이나 모형물들을 사 와서 책상에 얹어 놓았다. 지난여름에는 부엉이 목각인형을 사 와서 이 글을 쓰고 있는 모니터 옆에 놓아두었는데 항상 나를 쳐다보고 있다. 특별히 사야 할 물건은 없지만, 혹시나 문이 열렸으면 구경할 요량으로 역에 내리자마자 그곳으로 향했다. 5시 정각이 되었기 때문에 아마 문을 닫았을 거라고 예상했다. 이곳 사람들은 정말로 일을 일찍 마친다. 그리고 정확하게 문을 걸어 잠근다. 대부분 5시면 문을 닫는 분위기여서 이 가게도 그럴 것이라 생각했더니 역시 그랬다. 문은 닫혀 있고 현관 입구 옆에 달린 'IHATOVO'라는 영문의 글씨가 쓰인 부엉이 간판만이 덩그렇게 나를 쳐다보고 있었다.

한 사람의 꿈이 이렇게 세계를 움직이고 있다는 사실이 놀랍다. 이 이름은 생시에 겐지 선생이 아무도 쓰지 않는 말을 만들어냈다. 당대에는 사랑받지 못했지만, 지금은 이 이름이야말로 가장 이와테를 잘 나타내는 말이 되었다. 이와테현이 꿈처럼 아름다운 곳이 되기를 바라는 그 마음을 후세 사람들이 알게 되었고 그런 꿈을 향해 나아갔던 겐지 선생의 노력과 헌신에 감사하는 마음이 그대로 드러나기 때문이다. 이와테현에 사는 사람들뿐만 아니라 전 일본인들이 함께 꿈꾸는 '이하토브'라니, 너무나 멋지지 않은가! 그래서 꿈을 꾸는 사람은 필사적인 힘으로 이 세계를 사랑하게 되는가 보다. 이하토브 속 부엉이의 노란 눈이 의기에 차 있다. 그 뒤편에는 달이 환하다. 나는 개인적으로 달의 정령을 가슴에 품고 산다. 그래서인지 달의 힘으로 세상이 움직이고 있다는 것을 작품 속에서 말하고 싶어 한다. 그런 달이 부엉이 뒤로 환하게 떠올라 있고 부엉이는 앙다문 입술로 행복하게 앞을 주시하고 있다. 우리들의 삶도 앙다문 입술로 달빛 아래를 걸어보는 행복한 시간이기를 바란다.

림푸사를 뒤로 하고 숙소 쪽으로 걸어온다. 이 숙소는 지난

여름에도 묵었던 곳인데 겐지탐검대를 1층 로비에 전시하고 있는 특별한 곳이다. 이번에도 다시 묵게 되었는데 지난번 가보지 못한 탐검대 실내를 둘러보며 사진을 찍기로 했다. 우리가 개인적으로 찾기 어려운 좋은 자료들이 많다. 겐지의 전 인생을 도표로 만들어 관람객들이 보기 좋게 전시해 놓았다. 정말 놀라운 일은 겐지 선생이 광석에 조예가 깊었던 것에 초점을 맞추어 그와 관련된 광석들을 진열해 놓았다. 그런 돌을 찾아 진열하기까지 얼마나 많은 노고가 있었을까. 한 사람을 생각하는 수많은 현재의 사람들은 겐지가 꿈꾸었던 것보다 더 빛나는 시간을 만들어주고 있다.

  겐지가 태어난 후 산모가 몸을 풀 때 사용했다는 우물 사진이 멋스럽게 액자로 걸려있었다. 재미있게도 이 방 앞에는 '미야자와겐지탐검대본부宮沢賢治探検隊本部'라고 적혀 있다. 재밌는 이름이지만 사실 이렇게 당당하게 '본부'라는 말을 쓴다는 것 자체가 의미심장하다. '미야자와 겐지의 DNA'라는 제목도 재미있고 선생의 이력을 아름다운 팻말에 적어놓은 것도 인상적이다. 방으로 들어가니 호텔에서 운영하는 온천의 모형이 겐지 선생을 생각해서 만든 광석을 모방해 놓은 거라는 걸 알려주는 안내판이 있다. 온천의 탕 모양들이 모두 어떤 광석들의 모양을 상징하는 것이라는데 그 말은 공감한다. 며칠간 머물면서 아침저녁으로 온천을 이용했는데 들어갈 때마다 신비로운 느낌이 드는 곳이었다. 맑은 수정 속에서 온천을 하는 느낌이어서 들어오면 금방 나가고 싶지 않은 분위기를 자아내고 있었다.『주문이 많은 요리점』의 모습을 그대로 나타낸 룸이 있다는 것과 은하철도룸이 있다는 것도 알게 되었다. 내가 머문 숙소는 기본적인 방이지만 다른 경로를 통하면 이런 특별한 방에서 묵을 수도 있다.

　볼 것이 많아서 한참 동안 여러 방을 드나들다가 시장기가 느껴졌다. 이만하면 이곳도 꽤 꼼꼼하게 본 것이라 여겨져 사진을 마저 찍고 숙소로 올라갔다. 조금 더 있다가 도시락을 가지러 프런트로 내려가야 한다. 어제 아침에 오늘 저녁 도시락을 주문해 놓았다. 저녁 늦게 들어올 때면 편의점 문이 닫혀 있는 일이 많아서 저녁을 제대로 먹지 못했는데 마침 호텔에서 다음 날 저녁 도시락을 주문할 수 있다고 해서 어제 아침에 주문해 놓았다. 올라와 짐을 챙기고 있을 때 노크 소리가 들려 문을 열어 보니 호텔 측에서 도시락을 배달해 주러 왔다. 감사 인사하고 앉아 도시락을 쳐다보니 기차 도시락보다 훨씬 고급스럽고 양도 많다. 맛나게 도시락을 먹고 슬슬 온천욕 하러 내려가려고 하는 찰나 라인으로 문자 메시지가 떴다.

　'안녕하세요. 오늘 함께하지 못해 미안합니다. 지금 호텔 프런트에 와 있습니다.'

　이토에게서 온 문자였다. 이 시간에 이토가 어쩐 일이지? 혹시 지금 내가 묵고 있는 호텔에 와 있다는 건가? 확인해 봐야겠다 싶어서 지금 호텔 프런트에 있느냐고 물어보니 그렇다고 한다. 무슨 일인지 모르겠지만 그가 오려고 하면 충분히 올 수 있는 거리에 집이 있다. 어쨌든 내려가야 한다.


　호텔 프런트 소파에 이토가 앉아 있다가 우리를 보고 반갑게 인사를 한다. 예정에 없던 일이지만 어쨌든 우리는 다시 만났다. 인사 나누고 자리에 앉아 이야기를 들어보니 오늘 '비에도 지지 않고' 시비를 본인이 안내해 주지 못해 미안해서 왔다는 것이다. 그렇게 하지 않아도 될 텐데 이토는 이 시비에 무척 깊은 애정을 가진 듯하다. 밭에서 일하다 보면 시비 앞에 사람들이 있는 모습을 볼 수 있단다. 하나마키 현지인인지 외부인인지도 알 수 있다고 한다. 그러다가 외부인이 시비에 와 있으면 부리나케 달려와 시비 안내해 주고 있다고 한다. 그러고 보니, 작년 이맘때 처음으로 이 시비에 왔을 때 이토가 나타난 건 그런 이유였다. 처음으로 시비에 와서 주변을 둘러보고 있는데 앞쪽에서 작은 트럭이 한 대 우리 방향으로 달려왔다. 하지만 그 트럭에는 관심이 없었는데 잠시 뒤 이토가 나타나서 시비를 설명해 주겠다고 나섰다. 무슨 일인가 싶어서 얼떨떨해했는데 이토는 우리에게뿐만 아니라 누구에게라도 이렇게 달려와 설명해 주고 있었다. 그가 살갑게 설명해 준 것이 고마워서 어떻게 감사를 해야 할지 모르겠다고 생각했는데 이토의 입장에서 보면 당연한 일을 한 것이다. 더 깊은 사연은 알 수 없지만, 그는 '비에도 지지 않고' 시비의 지킴이 같은 의식을 갖고 있었기에 누구라도, 언제까지라도 달려와 안내해 줄 수 있는 사람이다. 이런 사람의 비호를 받는 겐지 선생은 얼마나 행복한 사람인가.

이토는 미안함을 대신하고자 선물을 가져왔다고 한다. IGR 이와테은하철도에서 발행한 2025년도 달력이었다. 이 달력은 지난 12월경에 이토에게 부탁해서 전해 받은 것과 같은 것이다. 한 권에 천 엔씩 한다길래 다섯 개를 주문했고 우편료까지 합해서 8,100엔을 외상으로 하고 있다고 이번에 만나자마자 달력 대금을 드렸다. 그런데 똑같은 달력을 주면서 이것은 선물이라고 한다. 그리고 한국에서 쓸 수 있는 CU 카드를 덤으로 주었다. 미안함의 선물이라니, 본인의 마음 씀이 이렇듯 진지한 것이 대단하다. 고맙다고 인사하고 감사히 잘 받아 들었다.

우리는 다시 '비에도 지지 않고' 시비에 관한 이야기를 주고받았다. 우리 편에게서는 별로 정보가 없어서 건넬 이야기가 없었는데 이토가 흥미로운 이야기를 먼저 꺼냈다. 겐지 선생의 '아래 밭'에서 표지를 박아 놓은 그 밭이 본래의 밭이 아니라고 한다. 깜짝 놀라서 왜 그런가 물어보니, 당시 그가 일했던 밭은 그쪽에서 좀 더 아래쪽에 있다고 한다. 아래쪽에 나루터가 있었는데 배에서 내린 손님들이 겐지 선생의 밭을 지나다니며 겐지 선생과 이야기를 나누었다는 자료가 있다는 것이다. 그렇다면 그의 밭은 나루터 근처일 것이고 지금보다는 조금 더 아래쪽이다. 왜냐하면 옛 나루터는 지금의 밭쪽보다는 더 아래쪽이기 때문이다. 나루터에서 내리자마자 걸어오던 자리에 밭이 있었으니 지금의 푯말은 잘못된 것이라는 것이다. 하지만, 왜 정부는 그 자리를 겐지의 밭이라고 소개하느냐고 물어보니 자기 생각으로는 복잡한 문제이기 때문에 그냥 넘어가는 것 같다고 한다. 옛 나루터를 찾고 그에 대한 증빙 서류를 찾아야 하고 그다음에 겐지 선생의 밭이라는 증거를 다시 찾아야 하니 복잡하다는 것이다. 그렇지만 제대로 밭을 찾아야 하지 않겠냐고 하니 그래야 하지만 다들 그 부분은 그냥 넘어간다고 한다. 자기 생각에는 시비 앞의 밭은 대부분 겐지 가의 땅이라서 여기건 저기건, 자신들의 땅에 겐지의 밭이 있었다는 사실만 맞다면 상관없다는 태도를 보인다는 것이다. 그렇다면 이해가 좀 가기는 한다. 지금까지 겐지 선생의 밭이라고 알려진 그 땅이 겐지 가문의 땅인데 조금 더 아래 땅이 진짜 겐지의 밭이라고 일부러

팻말을 새로 만들어 안내판을 교체하기에는 번거로움이 있을 수 있겠다.

이토는 '겐지의 아래 밭'이라고 적힌 그 밭을 빌려서 농사짓고 있다고 한다. 그 팻말이 꽂힌 밭에서 농사를 짓는 이가 이토라니, 이것도 새로운 사실이다. 이토는 겐지 선생의 여러 부분에 관해 관심을 가지고 글을 쓰고 있다고 하는데 책을 내려고 한다고 하니 언제쯤이냐 물어보니 올해? 내년쯤? 이라고 한다. 하지만 그렇게 말한다면 언제 책이 나올지는 알 수가 없다. 이들의 일하는 속도를 생각해보면 가까운 미래가 될 수는 없겠다고 짐작하는 편이 맞다. 어찌 되었든 이토는 겐지 선생의 유적을 찾아다니며 나름으로는 연구하며 그를 존경하고 진실을 밝히려 애쓰고 있는 사람임은 틀림없다.

한참 동안 이야기를 나누다가 일어섰다. 이제 내일은 우리가 출국해야 하고 오늘 저녁이 마지막이다. 그리고 다시 여름에

라스치징협회 안내_하나마키 농부 이토 기미오씨

만나게 될 것이다. 추운 겨울에 눈싸움을 한 사람들이 한여름에 다시 만난다는 건 즐거운 일이다. 이토에게 겐지탐검대 룸에 들어가 본 적이 있냐 하니까 들어가 보지 못했다고 한다. 그래서 우리와 같이 가서 구경해보자고 했다. 내부를 구경하면서 놀라워하며 사진을 찍으려 할 때 사진은 내가 다 찍어 두었으니 다음에 보내주겠다고 했다. 돌아오는 여름에는 이토와 하나마키 온천 뒤편에 있는 폭포에 같이 가보자고 했다. 지난여름, 하나마키 온천의 장미공원에 들어가 겐지 선생이 설계한 해시계를 같이 보았는데 폭포에는 가보지 못했다. 그곳도 겐지 선생의 중요한 유적지이니 올여름에는 꼭 가보자고 약속했다.

 그의 차가 멀어질 때까지 한참 손을 흔들어 주고 다시 돌아왔다. 겐지 선생을 찾아다니면 찾아다닐수록 새로운 일이, 놀라운 일이, 그리고 가슴 뛰는 일이 계속 일어난다. 그래서 그는 살아서 우리와 함께하는 것이라는 것을 일깨워주는 것이다. 오늘 마지막 하나마키의 밤, 별이라도 나와 있을지 하늘을 한 번 살펴보지만, 별빛은 없다. 다음 여름에 오게 되면 '겐지 문고'가 있었던 '하야치네산'에 한번 가보리라. 그곳에 가면 별이 그렇게나 빛나고 아름답다고 한다.


## 20. 시를 쓰는 행복

 아침 일찍 일어나 가방 정리를 시작했다. 나는 그 와중에 모리오카상공회의소에 보낼 단가를 적고 있었다. 어제저녁에 단가를 적어 우편엽서에 옮기려 했는데 갑자기 이토가 나타나 이야기 나누는 바람에 시간이 너무 늦어 버렸다. 밤늦게 잠이 올 때 시를 쓸 수는 없어서 아침 일찍 일어나 쓰자 하고 자 버렸다. 그러나, 아침 일찍 일어나도 짐을 싸야 하고 조식을 먹어야 하는 일 때문에 단가를 쓰는 일이 편하지 않았다.

'5·7·5·7·7'을 히라가나 숫자로 맞추어야 한다. 다쿠보쿠의 고향 '모리오카의 단가' 작품 모집 요강이라는 용지에 붙어 있는 우편엽서에 단가를 써서 보내야 한다. 하나마키 역에 내려서 관광안내소에 들어가 우표를 석 장 샀다. 모두 세 편의 단가를 써보리라 했는데 시간이 촉박하여 세 편까지는 쓸 수가 없다. 짐 싸며 쓰고, 밥 먹으며 쓰다 보니 다급할 수밖에 없다. 그래도 나는 진심으로 시를 썼다. 이 단가 모집에서는 다쿠보쿠의 고향 '모리오카'를 강조하기 때문에 다쿠보쿠와 관련된 것을 쓰면 좋겠다 싶어서 어제 이와테 은하철도를 타고 지나가던 시부타미 역 풍경을 썼다. 눈 쌓인 시부타미 역 지붕의 모습, 그리고 지난여름에 자전거를 타고 달렸던 시부타미의 들녘에 겨울이 내려와 앉은 모습들을 나름으로 글자 수를 맞추어 썼다. 우편 번호와 주소 등을 쓰고 우표를 붙였다. 이따 하나마키 역으로 들어갈 때 우편함에 넣기로 했다.

새로운 아침이 하나마키에서 시작되었다. 이 아침은 내가 사는 고장에서도 어김없이 열렸을 것이다. 이렇게 다시 내가 사는 고장으로 돌아가는 것이 섭섭하지 않다. 곧 다시 여름에 돌아올 테니까. 그날을 위해 열심히 일하고 열심히 글 써서 겐지 선생한테 자랑스럽게 약속받아 내야 하니까 돌아가는 걸음이 마치 전쟁에 참여하는 용사의 발걸음처럼 힘 있다.

마지막으로 하나마키 역사에 들어와 한 바퀴 돌아보고 플랫폼으로 나갔다. 우리는 신 하나마키 역에 내려서 신칸센으로 갈아탈 것이다. 그리고 도쿄로 다시 돌아간 다음 나리타 공항역으로 들어가 비행기를 타고 내 고장으로 돌아갈 것이다. 하나마키에서 신 하나마키 역까지는 얼마 되지 않은 거리여서 금방 내렸다. 신 하나마키 역에서 신칸센 갈아타는 시간이 많지 않아서 빠른 속도로 이동했다. 신 하나마키 역이라면 첫날 우리가 내렸던 바로 그 역이다. 이토가 우리를 기다려 주고 나는 늘 신 하나마키 역에 밤에만 내린다고 투덜거렸다. 이번엔 아침 시간이었으나 밖에 나갈 수 없다. 사실, 이 역 근처에 가볼 곳이 많은데 거의 가보지 못했다. 그 아쉬운 마음을 달래려 언젠가 신 하나마키 역 근처를 하루 종일 다녀보기로 한다.

신 하나마키 역에서 이기리스 해안으로 가는 길에는 백조정 거장이 있다. 『은하철도의 밤』에 등장하는 백조정거장의 이정표가 이기리스 해안 가는 길 쪽에 세워져 있다. 거기에는 '20분 정차'라는 표시도 되어 있었던지 기억이 가물가물하다. 그 백조정거장에도 다시 가보고 싶다.

기차 안에서 시조를 쓴다. 이번에 쓰기로 했던 시조들은 약속대로 잘 모였다. 첫날부터 시작해서 떠나는 오늘까지 쓰게 된 단시조들은 모두 70편이다. 이 정도면 시조집 한 권 낼 수 있다. 작년에는, 이 여행을 토대로 쓴 민조시들을 엮어서 민조시집 『플랫폼에 이는 바람』을 냈다. 예쁜 크기로 겐지 선생에게 헌사하는 민조시집은 주변 사람들에게 작은 행복을 건네주었다고 장담한다.

 이번엔 시조를 쓰리라 했다. 단시조로 정확하게 율을 맞추어 쓰는 여행 시조집. 작년과 마찬가지로 모두 현장에서 썼다. 가는 곳에서 또는 기차 안에서 쓴 시조들은 귀국한 후 잘 가다듬어서 시조집을 내 볼까 한다. 뜻을 가지고 준비하다 보면 언젠가 그 꿈은 현실이 되더라. 그 사실을 믿기에 시를 쓰는 마음에 뜨거움이, 시를 쓰는 손에 냉정함이 함께 묻어난다. 여행시집의 한계는 분명히 있다. 여행자만 느끼는 감정을 독자에게 전하기 어렵다. 그만큼 글을 유려하게 써내야 한다. 더구나 시적 감수성을 발현시켜야만 한다.

 시는 강물처럼 흐르는 것이다. 그래서 정신의 도움 없이는 한 글자도 써 내려갈 수가 없다. 겐지 선생의 시에서 느껴지는 격정이나 슬픔 같은 것들도 자신의 강에서 출렁이는 느낌을 글로 나타낸 것이다. 흘러가는 대로 흘러가면서 글을 써내야 한다는 것은 강물 속에 빠진 아이가 그래도 내가 살아야 하는 이유를 생각하는 것과 비슷하다. 그 절체절명의 상황 앞에서 무조건 살아야 한다는 본능을 뒤로하고 무언가 깊은 것을 생각한다는 뜻이다. 왜 내가 살아야 하는가. 살아서 나는 무엇을 할 것인가…. 이런 철학적 물음들이 삶을 영위하게 해 준다는 사실을 알기에 행복한 삶을 추구하는 이들은 이 세상의 행복에 관심이 많다. 그랬기에 겐지 선생도 그런 삶을 살았을 것이다. 물에 빠져 죽을 것 같은 공포 속에서도 팔다리를 허우적거리며 살아내려고 안간힘 쓰는 이들을 지배하는 삶의 이유, 행복의 이유…. 그래서 시는 아름다운 것이다. 목숨을 담보한 것이기에.

 시를 쓰는 이 세상의 모든 사람은 자기 몸과 마음을 모두 내어주며 누군가의 행복을 바란다. 누구나 그런 행복을 추구하기에 시를 쓰는 과정은 공포스럽고 고통스러울 수밖에 없다.

기차가 서고 다시 시작된 귀국의 절차, 그리고 나는 상공위에서 마지막 시조를 썼다. 내 마지막 시조는 문학을 찬탄하는 내용으로 끝났다. 하늘 위에서 두둥실, 나는 깃털처럼 가벼웠다.

| 에필로그 |

    작년 이맘때는 겐지 선생이 내가 사는 고장으로 갔다. 그러고 나서 '미루나무숲에서'에서 일어나는 신기한 일들을 같이 경험했다. 어린이들과 생태 인문학 수업하기 위해 숲으로 들어간 일, 아이들이 쓴 생태시로 학교에서 시낭송 수업을 하고 책갈피 시화전을 했던 일, 그리고 아이들이 쓴 생태시로 작곡하여 무대 위에서 발표하기, 그 아이들의 생태시를 묶어 만든 생태시집 『놀랐다! 너는 누구냐』가 출간되기까지 너무나 경이로운 일들이 많았다. 그 과정을 모두 지켜보았던 겐지 선생의 가슴도 얼마나 뛰었을까.

    여름이 되어 다시 겐지 선생을 찾으러 하나마키로 왔을 때 겐지 선생은 여전히 내 걸음을 축복해 주었고 함께 해 주었다. 나의 간절했던 소망은 2024년 겨울쯤 모두 이루어졌다. 믿을 수 없었다. 그러나, 그것이 현실이라는 것이 놀랍고 신기하기만 했다. 마음에 신념이 있을 때, 그 신념이 끝없이 분수처럼 치솟는다면 우리는 모두 상상할 수 없는 큰 성을 가진 것과 같다. 나는 그 성의 주인이 되었다. 어떤 모양의 성이든 어떻게 보이든 그것은 중요하지 않다. 성을 세우는 그 과정의 지난함 속에서 드디어 길을 발견했다는 사실이 중요하다. 한 걸음씩 걷는 걸음이 없다면 우리가 차지할 수 있는 정신의 영역도 적다는 사실도 마찬가지로 중요하다.

내가 하나마키로 향하는 발걸음이 잦아질수록 더 소중한 것을, 더 내면적인 것을 향하게 되리라는 사실을 안다. 큰 것을 찾지 않겠다. 작지만 소중한 것, 그리고 너무 넓은 곳을 보지 않겠다. 좁지만 깊은 곳을 보리라 한다.

이제 겐지 선생의 미완성작 『은하철도의 밤』의 그 후속편을 쓸 수 있으리라는 확신을 얻게 되었다. 내 가슴에서 오랫동안 살아 있는 은하철도의 꿈이, 그리고 겐지 선생의 이상향이 한데 어우러져서 마치 겐지 선생이 살아서 돌아온 모양처럼 빛나는 소년소설을 내 손으로 마무리할 수 있겠다는 확신이 선다. 겐지 선생이 그러했듯이 나도 영원히 죽지 않는 아름다운 은하의 기차를 타고 여행하는 소년 조반니의 이야기를 만들어 세상에 한 조각 행복을 나누어 주리라.

내 문학은 길 위에서 시작되었고 지금도 진행 중이다. 겐지 선생의 순수한 삶 속에서 펼쳐졌던 빛났던 시간을 들추어 보며 내가 펼쳐갈 순수의 길 또한 영원히 빛나길 바란다. 순수의 길 위에서 문학 스승을 위해 내가 할 수 있는 일을 찾았다. 그 일은 모두가 행복해지는 길이다.

2025. 3. 9.(일)

아름다운 세상을 위해

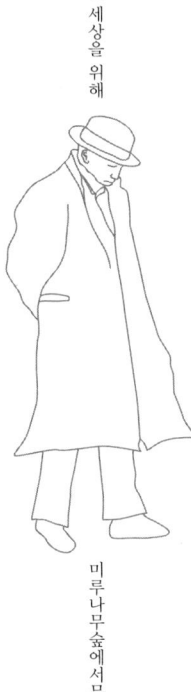

미루나무숲에서문학연구소